Comentarios del libro *Ante las puertas del cielo*

«En este libro tan esperado, Don Piper nos presenta a las personas con las que se encontró en las puertas del cielo luego de su accidente casi fatal en 1989 y cómo lo ayudaron a llegar hasta ahí. En él responde preguntas interesantes acerca de cómo será el cielo y, lo que es más importante, hace una pregunta urgente y atemporal: ¿quién estará allí gracias a ti? Este es un libro que habla de transmitir a otros nuestra fe de manera intencional y personal mientras transitamos la vida diaria. ¡Es un completo llamado a poblar el cielo! ¡Algo que necesitamos hacer todo el tiempo!».

— **Michael Smith**, artista discográfico y compositor ganador de múltiples premios Grammy, American Music Award y Dove Award, con más de 18 millones de álbumes vendidos.

«He estudiado más de mil casos de personas que murieron o estuvieron cercanas a la muerte y regresaron. Muchos hablan de un comité de bienvenida celestial. En su nuevo e inspirador libro, Don nos presenta de manera vívida a aquellos que lo recibieron en las puertas del cielo, responde muchas de nuestras cuestiones relacionales y nos motiva a tener un impacto poderoso en quienes estarán allí para recibirnos un día».

— **John Burke**, pastor principal de Gateway Church, Austin, Texas, autor del éxito en ventas del *New York Times*, *Imagine Heaven* [Imagina el cielo].

«Un llamado fuerte y claro para todo creyente que está esforzándose por vivir con propósito, intencionalidad y convicción de ganar almas. Hoy, aún más que en las generaciones anteriores, hay muchos que buscan una respuesta a esta pregunta tan antigua: "¿Realmente importa mi vida?". Afortunadamente, gracias al coraje de Don Piper para contar su historia al mundo, la respuesta es muy clara. Ningún otro libro brinda un argumento tan convincente para el evangelismo genuino como *Ante las puertas del cielo: ¿quién estará allí gracias a ti?* Los lectores recibirán paz y recibirán inspiración para dejar un legado que viva por la eternidad».

— **Sergio de la Mora**, pastor líder de Cornerstone Church de San Diego, autor de *Paradoja* y *La revolución del corazón*.

T0203267

«Conocí a Don Piper cuando tenía quince años y eso me cambió la vida ¡y todavía faltaban cuatro años para que fuera al cielo! Don ha impactado millones de vidas con el libro *90 Minutos en el cielo* y sus textos posteriores. En *Ante las puertas del cielo*, Don te guía por la aventura de su propia conversión al cristianismo y el desarrollo de su fe durante su visita milagrosa al cielo. Este libro no solo rinde homenaje a aquellos que han influenciado su vida cristiana, sino que también se enfoca en la urgencia de anunciar las buenas noticias de nuestro Señor y Salvador Jesucristo. ¡Sin duda es un libro que hay que leer!».

—**Dr. T. Bradley Edwards**, cirujano ortopédico de hombro reconocido mundialmente, Fondren Orthopedic Group, Houston, Texas.

«NO ESPERES. Eso es lo que pensé cuando leí el libro de Don. Perdí a uno de mis mejores amigos en una tragedia a los veintisiete años y cuando tuve que dar un discurso en su honor, no pude hacerlo. Estaba muy conmovido y la idea de hablar acerca de la eternidad en ese momento me aterraba, porque no sabía dónde pasaríamos la eternidad cualesquiera de nosotros. Ese momento me puso de rodillas y encontré la respuesta en Jesucristo. Durante los últimos treinta y tres años de mi vida me esforcé para asegurarme de encontrar a mis amigos en las puertas del cielo. La perspectiva de Don es única y auténtica, un verdadero tesoro. Oro para que este libro te inspire a hacer algo para que nos encontremos contigo y tus seres queridos en las puertas del cielo».

—**Mark Fincannon**, ganador de un premio Emmy al mejor director de reparto en una película, Atlanta, Georgia. Mark fue el director de reparto de la película *90 Minutos en el cielo*.

«En *Ante las puertas del cielo,* el nuevo libro de Don Piper, él relata las historias conmovedoras de aquellos que lo estaban esperando cuando llegó a las puertas del cielo, y ofrece al lector el emocionante desafío de hacer todo lo posible durante nuestro tiempo aquí en la tierra para que tanto los que te rodean como los que solo pasan por tu vida conozcan la eternidad asombrosa que pueden disfrutar en la presencia de Dios. Un libro cautivante que nos desafía al evangelismo personal, evitando el enfoque "culposo" y alentándonos en amor a que todos los que conocemos tengan la oportunidad de estar con nosotros en el cielo algún día».

—Jack **Wallington**, presidente de Christian Supply, Inc., Spartanburg, Carolina del Sur, una de las librerías cristianas más grandes del mundo.

«¡Don Piper lo hizo otra vez! Como un gran artista, creó una obra maestra. En este libro el cielo es su lienzo y sus pinceladas son las historias de esas personas que influenciaron su vida cristiana y, por lo tanto, lo guiaron a las puertas del cielo. Estas historias de seguro tocarán nuestras vidas, al mismo tiempo que resaltarán la importancia de que cada cristiano ayude a otros a ir desde "este lugar" hacia "aquel lugar". Don nos entrega un pincel y nos invita a comenzar a pintar. ¡El cielo está esperando tu obra maestra!».

—Harold **Hendren**, pastor principal de New Covenant United Methodist Church, The Villages, Florida.

«*Ante las puertas del cielo* nos brinda un encuentro íntimo de la visita de noventa minutos que Don Piper hizo al cielo. Por primera vez, Don revela quiénes lo recibieron en las puertas del cielo y nos da un entendimiento claro de por qué lo hicieron. Estos individuos nos desafían, como hermanos, a entender la gran responsabilidad que tenemos como cristianos. Nos lleva a contemplar nuestra propia eternidad y nos confronta preguntándonos *a quién recibiremos nosotros* cuando entren en la eternidad. Lee este libro; cambiará la forma en que amas y sirves a los demás».

—Diana **Wiley**, directora ejecutiva y fundadora de True Vineyard Ministries, San Marcos, Texas.

«Es el libro más cautivante y fundamental que leí sobre la muerte. Don Piper es un regalo de Dios para nuestra generación. Él murió y volvió a este mundo con los conocimientos que inspiraron este gran libro. Nunca me había dado cuenta de la importancia que tiene cada vida en el panorama eterno de Dios hasta que leí este libro. Lo que para el mundo es el final, para Dios es apenas el principio. Es un libro que hay que leer. Gracias, Don».

—Stan **Cottrell**, corredor de ultramaratón, *Libro Guinness de los récords*.

«Leí *90 Minutos en el cielo* al poco tiempo de que falleció mi madre. Ese libro nos trajo consuelo a mi padre y a mí. Un tiempo después, mi papá se unió a ella. Cuando hoy pienso en ellos, me imagino sus rostros felices. Sé DÓNDE están, QUIÉN está con ellos y sé que VOLVERÉ a verlos.

»Le agradezco a Don por *Ante las puertas del cielo*. Aunque es personal, también es una gran inspiración. Somos salvos para servir y contarles a otros cómo Jesús cambió nuestras vidas. Conocer a Dios es solo una parte de la batalla, la otra parte es hacer.

»No hay garantía del mañana.

»¿Vamos a dejar que nuestros seres queridos pasen la eternidad en el infierno porque no los amamos lo suficiente como para hablarles de Jesús? Gracias, Don Piper, por desafiarnos a contar nuestra historia».

—**Paul Robbins**, fundador y presidente de Viking Cold Solutions, anciano de First Christian Church of the Beaches, Jacksonville Beach, Florida.

«En este libro tan esperado y ansiado que es la continuación del éxito de ventas *90 minutos en el cielo*, el autor Don Piper sumerge a los lectores en su experiencia personal profunda y conmovedora en las puertas del cielo luego de morir en un accidente automovilístico. Al relatar los detalles íntimos, él les da a los lectores la esperanza gloriosa y el anhelo profundo por el cielo, como también la convicción para responder a la pregunta: "¿Quién estará en el cielo gracias a ti?". Su nueva obra, *Ante las puertas del cielo: ¿quién estará allí gracias a ti?*, es un libro imperdible que te convencerá de que todo aquel que conoces es puesto en tu camino por Dios con un propósito divino».

—**Tonya Frye**, directora ejecutiva de Get Together Northwest, Cypress, Texas.

Ante las PUERTAS del CIELO

Ante las
PUERTAS
del CIELO

¿QUIÉN ESTARÁ ALLÍ GRACIAS A TI?

Don Piper
y Cecil Murphey

ORIGEN

Título original: *People I met in Heaven*

Publicado bajo acuerdo con FaithWords, New York, New York, USA.
FaithWords es una división de Hachette Book Group, Inc.
Todos los derechos reservados.

Primera edición: septiembre de 2019

© 2018, Don Piper y Cecil Murphey
© 2019, Penguin Random House Grupo Editorial USA, LLC.
8950 SW 74th Court, Suite 2010
Miami, FL 33156

Traducción: María José Hooft
Diseño de cubierta: Ramón Navarro
Imagen de cubierta: LilKar / Shutterstock
Fotografía del autor: Tara Villarreal

ISBN: 978-1-644730-42-3

Impreso en Estado Unidos – *Printed in USA*

Penguin
Random House
Grupo Editorial

Dedicado a mis amigos queridos que han fallecido
y
a los miembros de la mesa de directores de Don Piper Ministries
William «Sonny» Steed
Eldon Pentecost
David Gentiles
Saben que los veré en las puertas del cielo.

ÍNDICE

¿CUÁL QUIERES QUE SEA TU LEGADO?

Mi historia

Capítulo 1

MORÍ Y ENTRÉ AL CIELO

No tuve una experiencia cercana a la muerte (ECM).

El 18 de enero de 1989 morí. Literalmente.

Es importante que eso quede claro. Desde que salió *90 minutos en el cielo*, en 2004, se han publicado muchos libros. La mayoría de ellos, por lo que sé, cuentan sus experiencias cercanas a la muerte. Eso no les quita mérito a sus relatos, pero sus encuentros celestiales fueron diferentes.

Muchas veces quienes están en sus últimos momentos de vida terrenal corren por un túnel largo con una luz al final. Esa no fue mi experiencia, seguramente porque mi muerte fue instantánea.

Mi pequeño Ford Escort estaba cruzando el puente sobre el lago Livingston, en el este de Texas, era una mañana fría y lluviosa, y yo regresaba a Houston para predicar esa noche en nuestra iglesia. Viajaba aproximadamente a cuarenta y cinco millas (setenta y dos kilómetros aproximadamente) por hora cuando un camión con remolque entró a mi carril a casi sesenta millas (unos noventa y siete kilómetros) por hora. El tráiler me golpeó de frente. El impacto no solo fue terrible, también fue fatal en el acto.

Por un instante vi al vehículo de dieciséis ruedas venir directo hacia mí y al siguiente estaba en el cielo.

Frente a mí había una hermosa entrada abierta que parecía el interior de una ostra esculpida en nácar. Era una de las doce puertas de perla del cielo. ¡Nunca se cierran!

Mientras atravesaba la entrada sentí una paz indescriptible. Al contrario de lo que sucede muchas veces cuando recuperamos la conciencia después de una cirugía (que nos sentimos mareados y desorientados), yo no necesité preguntar dónde me encontraba. Estaba completamente consciente, *lo supe desde el momento en que llegué.*

Pero hubo algunas sorpresas. La primera fue la multitud de gente que de repente me rodeó. Me gusta llamarlos «mi comité personal de bienvenida». Cada persona era alguien que había tenido un papel importante en mi vida en la tierra. Algunos me habían ayudado a convertirme en cristiano y otros me habían fortalecido para crecer y avanzar en mi fe.

Sus rostros estaban llenos de gozo mientras extendían sus brazos hacia mí. Había conocido a cada uno en la tierra en sus buenos y malos momentos, y los había visto sonreír muchas veces. Sin embargo, esta vez los vi sonreír de tal forma que pensé (más tarde): *Nunca vi a ninguno de ellos tan feliz.*

Sus saludos fueron celestiales, no eran expresiones humanas. Algunos me abrazaron, algunos gritaban felicitaciones y todos alababan a Dios por traerme a casa.

Mientras se lanzaban hacia mí, supe que me estaban esperando. Lo sentí en cada fibra de mi ser. La mejor definición para explicar lo que sentí es la palabra *intuición*: sabía todo sin entender cómo había adquirido ese conocimiento.

No tuve contacto con mis preciados recibidores, que había amado y perdido; no un contacto tal como lo conocemos. Nuestro abrazo fue entre almas. Fue como si mi corazón le diera a cada uno un abrazo santo. Había estado lejos de algunos de ellos más de un cuarto de siglo. ¡Imagínate lo que es abrazar a un ser amado que no has visto en veinticinco años! ¡Qué reencuentro hermoso!

Mientras miraba cada rostro, conocía muy bien a todos. Todos me llamaban por mi nombre y algo se aclaró de inmediato: mi presencia no era un accidente, al menos no para ellos. Ellos *sabían* que yo llegaría. En la tierra todos hemos tenido algún tipo de accidente, pero en el cielo no existen los accidentes.

Cuando llegué, no pensé en hacer preguntas para averiguar cómo lo supieron, y las respuestas tampoco importaban. Sentía su presencia como algo natural. De hecho, todo lo que vi y sentí parecía estar en perfecto orden. Me maravillé de la perfección que había en todo, las personas, el panorama, las fragancias y los sonidos.

En todo momento tuve esa sensación de paz y de conocimiento intuitivo.

Ninguno tenía que recordarme lo que había hecho por mí o cómo había influenciado mi vida. Nuestras «conversaciones» se basaban en la alegría de verme y mi emoción de estar con ellos otra vez. En mi mente no había ningún pensamiento relacionado con mi muerte, mi familia o nada de lo que había dejado atrás. Simplemente Dios había borrado todo acerca de mi vida terrenal.

Más tarde, me di cuenta de que estaba más enfocado que nunca en mi vida, y sin ningún esfuerzo. Nada me distraía. Estaba allí, en un momento que parecía no tener fin.

¿Qué tan lejos estaba mi comité de bienvenida? No lo sé. La distancia parecía no tener lugar en el cielo. Los vi, me alegré por su presencia y me sentí extasiado al estar allí, era un sentimiento repentino, intenso y absorbente.

Una vez dentro del territorio celestial, no supe si la bienvenida había durado cuatro segundos o veinte minutos, según las medidas terrenales. Luego, al regresar a la tierra, me dijeron que los paramédicos me habían declarado muerto en el puente a las 11:45 a.m.

Un pastor llamado Dick Onarecker hizo una oración y cantó un himno junto a los restos de mi auto noventa minutos después, a la 1:15 p.m. Cuando hablo de noventa minutos es estimado, ya que alguien tuvo que haber informado del accidente y llamado a la ambulancia. Eso significa que mi tiempo en el cielo debe haber sido de casi dos horas.

Pero eso no importa, en el cielo el tiempo no existe. Todo simplemente *es*.

Luego de los saludos desbordantes de alegría, mi comité de bienvenida me escoltó con entusiasmo hacia una de las doce puertas del cielo. Estaba listo para dar mi primer paso. Observé hacia adentro de las puertas perladas, fascinado con lo que veía frente a mí.

Ese fue el final de mi experiencia celestial.

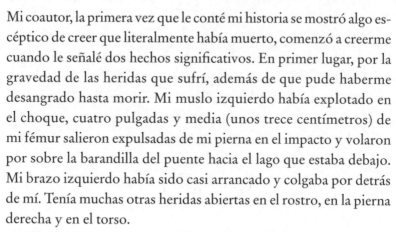

Mi coautor, la primera vez que le conté mi historia se mostró algo escéptico de creer que literalmente había muerto, comenzó a creerme cuando le señalé dos hechos significativos. En primer lugar, por la gravedad de las heridas que sufrí, además de que pude haberme desangrado hasta morir. Mi muslo izquierdo había explotado en el choque, cuatro pulgadas y media (unos trece centímetros) de mi fémur salieron expulsadas de mi pierna en el impacto y volaron por sobre la barandilla del puente hacia el lago que estaba debajo. Mi brazo izquierdo había sido casi arrancado y colgaba por detrás de mí. Tenía muchas otras heridas abiertas en el rostro, en la pierna derecha y en el torso.

En segundo lugar, los especialistas médicos dijeron que una persona puede sobrevivir sin oxígeno hasta cuatro minutos. Luego de seis minutos, se convertiría en lo que llamaríamos un «vegetal humano».

Cuatro paramédicos ya me habían declarado muerto, pero según la ley del estado de Texas no podían mover mi cuerpo hasta que un médico forense o un juez de paz lo declarara *oficialmente* y completara la investigación.

No voy a entrar en detalles, que ya aparecen en *90 minutos en el cielo*, pero entendí por qué no se me permitió atravesar esa puerta.

El pastor Dick Onarecker, a quien no conocía, entró en la escena del accidente e insistió en orar por mí. El oficial de policía se negó porque sintió que el pastor se pondría en peligro si trepaba sobre los restos del auto con mi cuerpo dentro.

Sin embargo, Dick insistió:

—Esto suena extraño, pero Dios me dijo que debo orar por él.

El hombre se burló y le dijo:

—Señor, ese hombre está muerto, y lo ha estado por mucho tiempo.

—Debo orar por él. Nunca antes hice algo así, pero sé que Dios quiere que ore por él.

Mi auto estaba cubierto con una lona y mi cuerpo sin vida estaba atrapado dentro (luego, trajeron una cizalla hidráulica para cortar y abrir el vehículo aplastado y sacarme de allí). Aunque yo ya estaba muerto, Dick, que tenía conocimientos médicos, verificó mi pulso, pero no lo encontró. Luego me dijo que cuando le pidió a Dios que me devolviera la vida, oró por algo que, viéndolo ahora, parecía extraño. Él hizo dos oraciones distintas: una, para que no tuviera heridas internas, y otra, para que no hubiera daño cerebral.

Durante la oración de Dick, mi espíritu regresó a mi cuerpo. Estaba vivo, otra vez. Dios escuchó y respondió las oraciones de Dick.

Al terminar su oración, Dick volvió a verificar mi pulso.

—¡Está vivo! ¡Está vivo! —gritó.

El oficial no le creyó.

Dick gritando le dijo:

—Si no viene y lo revisa otra vez, me voy a acostar aquí, ¡justo enfrente de la ambulancia! Tendrán que atropellarme para sacarme de aquí.

Mientras Dick me contaba la historia, me señaló que el oficial se encogió de hombros, decidió complacerlo y llamó a dos paramédicos para que me revisaran.

El primer paramédico encontró pulso.

No solo estaba vivo, sino que no había daño cerebral y a pesar de todas las complicaciones físicas que padecí no hubo daños internos, algo que confundió mucho a los doctores que vieron el informe del accidente.

Regresé por las oraciones de ese pastor y, por lo que supe después, las peticiones de muchos, muchos creyentes.

⚘

Durante dos años no le conté a nadie lo que había sucedido mientras estuve muerto en ese puente, ni siquiera a Eva, mi esposa. La experiencia fue muy íntima y especial. Hasta este libro, para mí la experiencia de encontrarme con esas personas en las puertas del cielo era sagrada como para contarla.

Recuerdo todo muy claro y a veces, en mis momentos más oscuros, el único consuelo que encuentro es recordar con detalles mi experiencia en el cielo.

No llegué a probar nada del cielo, pero seguramente será delicioso. Un día cenaremos en la mesa del Señor y comeremos de los frutos de todos los árboles, hasta del árbol de la vida. Incluso ahora podemos anticiparnos a «saborear» el cielo. El cielo es un maravilloso bufet para los sentidos, y hasta el día de hoy puedo recordarlo muy claro gracias a los elementos sensoriales que experimenté.

En el acto noté colores que nunca antes había visto, tonos y sombras que no son perceptibles para el ojo humano. Esos aromas que nunca antes había conocido se impregnaron en mis sentidos. De hecho, todo lo del cielo se me quedó impregnado.

Ciertos olores desencadenan recuerdos de nuestro pasado. Una marca de perfume o una loción específica puede recordarnos a personas o situaciones, o las fragancias específicas de las flores nos recuerdan al jardín de nuestra abuela o un lugar de vacaciones que atesoramos en la memoria.

Uno de los recuerdos más fuertes es una fragancia suave que inunda el cielo. Me tomó mucho tiempo descifrar cómo describir ese aroma. Luego pensé en un versículo de Apocalipsis 5:8, donde se habla del Cordero, refiriéndose claramente a Jesús, y se continúa mencionando a los que están en su trono: «Cada uno tenía un arpa y copas de oro llenas de incienso, *que son las oraciones del pueblo de Dios*» (el énfasis es mío).

Me hace sonreír pensar que la fragancia estaba compuesta por «las oraciones de los santos». Eso sumado al aromático árbol de la vida, los árboles frutales y sus flores (todas las glorias del paraíso) hacen a la fragancia del cielo un aroma que no puedes olvidar.

Pablo escribe que Cristo «por medio de nosotros, esparce por todas partes la fragancia de su conocimiento» (2 Corintios 2:14). Debemos ser ese aroma intenso con nuestro testimonio para los demás, ya sea con palabras o con hechos.

Mientras permanecemos aquí en la tierra, somos llamados a ser «el aroma de Cristo entre los que se salvan y entre los que se pierden» (2 Corintios 2:15). Cuando pienso en aquellos que fueron mis influencias, puedo ver que su testimonio es una inspiración con olor dulce y persiste hasta el día de hoy.

Dos años después del accidente, pude contarle a mi mejor amigo, David Gentiles, mi viaje al cielo y su increíble oferta sensorial (aunque no le conté sobre mi comité de bienvenida). Mientras le abría mi corazón, él lloraba.

—Debes contárselo a otros —me dijo. Me alentó a que se lo contara cuanto antes a Eva y a nuestro amigo en común, Cliff McArdle.

—Debes contar esta experiencia —me dijo Eva luego de escuchar mi historia. Más tarde, reconoció que supo que algo me había sucedido, que había vuelto distinto, para bien, y que no podía explicarlo. Ella sabía que los primeros momentos de tristeza y depresión luego de sobrevivir al accidente no podían ser solo por el dolor de la recuperación. Cuando le conté, entendió que era porque extrañaba el cielo.

Cliff reaccionó igual que David y que Eva.

Aunque fui cauteloso en cuanto a quién contárselo, para mi gran sorpresa, todos me escuchaban atentamente y con mucho asombro. No utilizaron las mismas palabras, pero en general dijeron: «¿Acaso crees que Dios te permitió vivir esto para que lo mantengas en secreto?».

Luego de mucho aliento, de a poco comencé a animarme y a abrirme a otras personas. Todos, sin excepción, hicieron eco a las palabras de David, Cliff y Eva.

A medida que la historia se difundía y me invitaban a hablar, conté en algunas iglesias lo sucedido. En ese entonces, sentía que una razón por la que Dios me había traído de vuelta era para hacer conocer mi experiencia y permitir que otros conozcan los deleites y la perfección del cielo. Quería gritar: «¡No le tengan miedo a la muerte!».

Conté mi historia en muchas iglesias y a cualquier grupo que me escuchara. Los oyentes respondían con entusiasmo y querían oír más. Cuanto más viajaba, más personas me alentaban a escribir un libro relatando mi experiencia, así que finalmente lo hice en *90 minutos en el cielo*.

Poco antes de que se publicara el libro, un fin de semana mientras estaba en otra ciudad predicando en una iglesia, Eva recibió treinta llamadas telefónicas de pastores que me invitaban a predicar en sus congregaciones. No dudé ni por un momento de que Dios me estaba guiando.

Entre los años 2004 y 2005, en promedio prediqué más de doscientas veces al año por todos los Estados Unidos y otros países, especialmente de Europa.

Pero aún no le he contado a nadie sobre aquellos que me recibieron en las puertas del cielo. Finalmente estoy listo para contar esa parte tan sagrada de mi historia. Aquellos que me recibieron habían impactado profundamente mi vida y mi fe. Por eso, anhelo vivir de tal forma que contribuya a la fe de otros, como me sucedió a mí. Si quienes me conocen hacen lo mismo, serán de influencia para las generaciones que vienen. ¡Cada uno de nosotros puede dejar un glorioso legado!

———❦———

El cielo es un lugar real y también es un lugar preparado para todos aquellos que siguen a Jesucristo. He dedicado mi vida a guiar a todos los que puedo hacia ese lugar perfecto, porque quiero que todos experimenten no solo las vistas, los sonidos y las fragancias, sino al Señor mismo. Él está allí, esperando para recibir a cada uno que se acerque a Él.

Capítulo 2

MI LLAMADO

¿Qué me califica para escribir este libro? Por mucho tiempo luché con esta pregunta. Finalmente pensé: «Fui al cielo y luego regresé». Ese es mi motivo y mi autoridad. Luego de contar la historia en mi primer libro, *90 minutos en el cielo*, supuse que era el fin, ya había contado todo lo que necesitaba contar y creí que eso era todo lo que la gente quería saber.

Sin embargo, ese no fue el fin.

Se me abrieron las puertas para predicar en todo el mundo. Apenas podía seguir el ritmo de las invitaciones. Dios me llamó a ser un predicador, por eso iba.

Algunas noches, cuando entraba cojeando en mi habitación de hotel, mis tobillos estaban tan hinchados que me costaba quitarme los zapatos. Casi todas las noches me dolía el cuerpo entero. Prefería no usar medicaciones fuertes porque, aunque me quitaban el dolor, también me hacían sentir agotado y perdido. El horrible accidente me había dejado el cuerpo maltrecho, lleno de cicatrices y treinta y cuatro cirugías por las heridas sufridas.

Esto no lo cuento para obtener compasión, sino para afirmar que continué por una sola razón: *creía sin duda que el Espíritu Santo de Dios me guiaba.* Le prometí al Señor: «Mientras me des vida, puedes usarme, y cuando muera, puedes llevarme a casa para siempre».

Hay personas que no confían en mí y en mi historia. Alguien incluso insinuó cínicamente que yo estaba intentando capitalizar mi visita al cielo. Morí en el año 1989. Si de verdad planeara capitalizar mi relato, no hubiese esperado quince años, hasta 2004, para escribir mi historia, ni hubiese formado un ministerio sin fines de lucro para distribuir los fondos de las ventas de los libros y hablar acerca de mi experiencia. Tampoco hubiese esperado siete años desde mi último libro[1] para escribir este.

A veces me siento como el hombre ciego al que Jesús le devolvió la vista en el día de reposo. Los líderes religiosos lo interrogaron, enojados, porque Jesús había sanado a alguien en el día sagrado de descanso. Intentaban hacer que el hombre que antes era ciego dijera que Jesús era un gran pecador y no debió de haberlo sanado. El hombre no discutió, su respuesta fue simple: «Lo único que sé es que yo era ciego y ahora veo» (Juan 9:25).

Así me siento cuando la gente intenta minimizar mi experiencia. No puedo obligarlos a creer, solo puedo decir: «Lo único que sé es que yo morí y ahora estoy vivo».

Cuando pienso en ese viaje celestial, a veces sonrío. Menos de una hora antes del accidente, había salido de un retiro pastoral y me dirigía a predicar a una iglesia esa noche. Un gran camión atropelló mi auto de frente y me mató. En ese instante me transporté a las puertas del cielo.

Obviamente, no me quedé allí.

---

[1] Don Piper y Cecil Murphey, *Getting to Heaven: Departing Instructions for Your Life Now* [La llegada al cielo: instrucciones de partida para tu vida hoy], Nueva York: Berkley Publishing Group, 2011.

Me enviaron de vuelta a esta vida, una vida llena de gran felicidad y de dolor profundo. Dios no sanó mi cuerpo completamente, ni en ese momento ni después, pero pude encontrar consuelo en las palabras de Pedro y Juan cuando vieron al hombre lisiado en el templo pidiendo limosna. «No tengo plata ni oro... pero lo que tengo te doy» (Hechos 3:6), y Pedro lo sanó.

Yo no puedo sanar a nadie físicamente, pero puedo abrir mi corazón y alentar a otros. No intento ponerme al nivel del apóstol Pablo, pero entiendo lo que quiso decir cuando se refirió a su propia experiencia en el cielo. Pablo mismo escribió: «Conozco a un seguidor de Cristo que hace catorce años fue llevado al tercer cielo (no sé si en el cuerpo o fuera del cuerpo; Dios lo sabe). Y sé que este hombre... fue llevado al paraíso y escuchó cosas indecibles que a los humanos no se nos permite expresar» (2 Corintios 12:2-4).

Lucas no habla mucho sobre el trasfondo de la historia de Pablo y cuenta sin muchos detalles cuando fue apedreado en Listra: «(Unos judíos de Antioquía y de Iconio) apedrearon a Pablo y lo arrastraron fuera de la ciudad, creyendo que estaba muerto. Pero, cuando lo rodearon los discípulos, él se levantó y volvió a entrar en la ciudad» (Hechos 14:19-20).

¿Pablo murió allí?

Es difícil para mí pensar que le arrojaron piedras enormes, le golpearon todo el cuerpo, lo arrastraron fuera de la ciudad y no se aseguraron de que estuviera muerto. Una multitud tan enojada, ¿no se aseguraría de que ya no respirara?

No sabemos con exactitud lo que sucedió, pero sin duda fue algo poderoso. Pablo debería haber tenido heridas mortales, fue golpeado y dado por muerto. Si las rocas no lo habían matado, la arrastrada salvaje seguramente lo había hecho. Luego de que la multitud se fue, los discípulos vinieron y oraron.

El apóstol dado por muerto se levantó y volvió a su ministerio, sin inmutarse en absoluto por las piedras que lastimaron su cuerpo pero que no pudieron enfriar su entusiasmo por anunciar la verdad de Cristo, que nos hace libres.

Esto es lo que yo llamo un milagro.

Morí en un accidente automovilístico. Publiqué cinco libros, con éste, y también se escribieron otros acerca de mi experiencia. Tomé todo eso como una señal segura de que la historia llegó a los corazones y a las necesidades de la gente.

Durante la década posterior a la publicación de *90 minutos en el cielo*, perdí la cuenta de la cantidad de personas que tuvieron una ECM y escribieron acerca de ella. Puedo decir que en mis tantas convocatorias conocí aproximadamente a treinta personas que tuvieron una experiencia de muerte real, como yo, pero ellos eligieron no contar sus historias en forma de libro.

Un ejecutivo de la industria dijo que mi primer libro dio inicio a un renacimiento virtual de «la realidad del cielo». Millones de almas en muchos países me han escuchado contar el testimonio de mi extraordinaria visita a las puertas del cielo. Me han oído hablar de mi decepción al volver a la tierra y la pesadilla de las heridas, el dolor y la incertidumbre que vino después.

En cientos de entrevistas en radio y televisión, y artículos en diarios y revistas, han hablado de mi experiencia. En 2015 se proyectó en los cines de todo el país una película basada en mi historia.

Nuestra familia nunca planeó ver nuestras vidas plasmadas en la pantalla grande. ¿Quién diría que mi historia estaría a la venta en Walmart?

Aunque ya lo mencioné, quiero dejar en claro que nunca planeé contar mi encuentro celestial con nadie, y mucho menos hacerlo públicamente. Pero mis amigos y familiares, en cuya opinión confío más que en la mía, literalmente me suplicaron que lo hiciera. Hasta que finalmente cedí al consejo.

Esa decisión cambió el curso de mi vida. Después de todos estos años, confieso que aún poseo emociones encontradas sobre las consecuencias de esa decisión. El hecho de viajar, para un sobreviviente como yo con lesiones tan graves y debilitantes, nunca hubiese sido una opción si no fuese motivado por el Espíritu Santo.

No viviría de esto. Lo hago porque es un *llamado*. Con mis propios ojos y mis propios oídos he sido testigo del ánimo que transmite mi relato, las lágrimas que ha secado y el consuelo que ha traído.

¿En qué cambié desde que regresé a la tierra? La respuesta simple a esa pregunta es: nunca he vuelto a ser el mismo. Me sucedió algo indescriptible, ni siquiera puedo explicármelo a mí mismo.

No estoy seguro de poder explicar los efectos porque no soy un hombre perfecto y sigo teniendo errores, pero sí puedo decir que soy más compasivo, me preocupo más por la gente y soy más paciente. Además, gracias a que atravesé treinta y cuatro cirugías y aún convivo con el dolor, soy mucho más comprensivo con aquellos que sufren.

Siempre que he hablado con personas que tuvieron una ECM, intentan explicar los cambios que sucedieron en ellos y puedo identificarme con estas declaraciones:

- «Siento que me expandí».
- «Jesús es mucho más real para mí y ahora mi fe es mayor al leer la Biblia y orar».
- «Me volví más introspectivo y estoy más abierto a las cuestiones espirituales».
- «Ahora la vida significa más para mí, y quiero disfrutar cada minuto hasta que Jesús me lleve a casa».
- «No veo la hora de volver al cielo para siempre».

- «Mi mirada se detiene en una flor, en un cachorro, en un bebé, en un amanecer y en esas cosas. Sé que cualquier momento puede ser el último».

Ninguno mostraba evidencia de orgullo o de ser más «espiritual». Ninguno habló de ser perfecto. Al contrario, muchos de ellos dijeron tener más hambre por Dios y nuevas metas más desafiantes.

Desde el año 2004, *90 minutos en el cielo* ha vendido cerca de ocho millones de copias. No es mi intención presumir, sino señalar qué es lo que me motiva. La gente compra *y* lee mis palabras. No puedo hablarles a todos, pero una de las mejores maneras que tengo de tocar los corazones de aquellos que no conocen a Jesús es por medio de lo que he escrito. Mark Batterson lo dijo bien: «Para mí, un libro vendido no es solo eso; un libro vendido es una oración respondida. No conozco el nombre ni la situación de cada lector, pero Dios sí».

Siento una obligación, un impulso abrumador por alcanzar a otros, especialmente a los que no tienen una relación con Jesucristo. Anhelo que conozcan a mi Salvador.

En 2015, luego del lanzamiento de la adaptación cinematográfica de *90 minutos en el cielo*, me tranquilicé, de verdad lo necesitaba. Todos los días me sentía cansado y adolorido, creí que estaba llegando al final de mi estadía en la tierra y, a los sesenta y siete años, estaba listo para ir a mi morada eterna.

Pero todavía Dios no estaba listo (obviamente). De a poco el entusiasmo y la alegría volvieron a mi alma, y *supe* que aún tenía más para ofrecerle al mundo. Este libro es el gran resultado de ese renuevo físico y emocional. Volví a dar conferencias. ¿Volveré a

tener más de doscientos compromisos al año como lo hice durante
once años? No lo sé. Creo firmemente que Dios no llama a las
personas a hacer algo para lo que no las capacita. Solo puedo decir:
«Señor, mientras me des las fuerzas y abras las puertas, estoy de-
terminado a servirte».

Una de las bendiciones más grandes de todo esto es que mi
historia ha traído esperanza a quienes han perdido a sus seres queridos. Mi experiencia ha quitado el miedo y la inquietud a muchos
que enfrentaban sus últimos días en esta tierra.

Incluso después de la cantidad de respuestas que recibí desde
que viajé al cielo y volví, que fueron muchas, aún tengo para contar
a detalle a quiénes exactamente encontré en las puertas del cielo:

- ¿Cómo eran esas personas que estaban ahí?
- ¿Por qué esos individuos me recibieron ahí?
- ¿Por qué regresé?

Este libro es mi respuesta a esas preguntas y muchas más.

Por fin estoy listo para contar la historia de las personas con
las que me encontré en las puertas del cielo. La influencia espiritual
que cada una tuvo en Don Piper fue mucho antes de que llegara
al cielo esa mañana del 18 de enero de 1989. Sin la influencia de
todos ellos, nunca habría llegado a esas puertas perladas.

Al contar mi experiencia quiero que los lectores puedan sentir
el gozo y la perfección del cielo. Aquellos que hayan puesto su fe
en Jesús entrarán en su morada eterna y celestial cuando termine
su breve tiempo en la tierra.

Capítulo 3

ASOMBRO Y MARAVILLA

Mi último aliento en la tierra fue inmediatamente seguido por el primero en el cielo. El apóstol Pablo dice, refiriéndose a sí mismo y esperando su viaje al cielo: «Así que nos mantenemos confiados, y preferiríamos ausentarnos de este cuerpo y vivir junto al Señor» (2 Corintios 5:8).

Antes de mi experiencia, solo asentía cuando leía estos versículos. Luego de mi viaje al cielo, exclamaba: «¡Sí, sí, lo sé!». Ahora *sé* a qué se refería. Una de las cosas más increíbles para mí fue ver *exactamente* todo lo que había leído en mi Biblia acerca del cielo.

En mi primer momento de conciencia después del accidente estaba envuelto por una luz pura, intensa y brillante. El apóstol Juan escribió: «La ciudad no necesita ni sol ni luna que la alumbren, porque la gloria de Dios la ilumina, y el Cordero (Jesús) es su lumbrera» (Apocalipsis 21:23). El apóstol Juan estaba en lo correcto. La luz no provenía del sol o de la luna, el cielo no necesita de ninguno de ellos.

En la tierra, hubiera quedado cegado por una luz tan poderosa y concentrada, pero en el cielo mis ojos cambiaron sin esfuerzo. Podía observar el brillo sin necesidad de voltear hacia otro lado.

Mientras observaba la entrada perlada, sentía como si tuviesen vida propia, estaban bañadas por una luz extremadamente brillante.

Nunca me había cuestionado si la descripción del cielo en el libro de Apocalipsis era literal o figurativa. Ahora sé que era literal, porque llegué justo a esa entrada perlada viviente, brillante y tornasolada.

Cada miembro de mi comité de bienvenida era perfecto. Sin cicatrices ni manchas de ningún tipo. Una vez escuché al doctor Adrian Rogers decir: «En el cielo, lo único hecho por el hombre son las cicatrices de Jesús». Jesús es el único ciudadano del cielo con cicatrices. Ellas están para recordarnos cómo podemos entrar a ese lugar.

Aunque mi comité y yo nos acercamos a la entrada perlada, muchas veces parecía que no estuviésemos caminando. Podía notar que nos movíamos, pero *cómo* nos movíamos, no estoy seguro.

Nadie allí tenía edad, estaban completamente restaurados, cubiertos de gloria, con vestiduras radiantes. Todas las referencias bíblicas de la vestimenta del cielo hablan de vestiduras blancas, para indicar que quienes las visten no tienen pecado. Hasta la descripción de los ancianos de Juan en Apocalipsis 4 dice que estaban vestidos de blanco y tenían coronas de oro. En Apocalipsis 3 se hace referencia a vestidos blancos. Cuando el rey Saúl consultó a una bruja, ella conjuró a Samuel de entre los muertos y él estaba envuelto en un manto (véase 1 Samuel 28:14).

Muchas veces he pensado: «Nadie se levantará en la mañana y pensará qué ponerse ese día. Primero, nunca nadie tendrá que levantarse. No hay mañana, ni noche, y todos estaremos impecables con vestidos resplandecientes».

Estaba maravillado cuando descubrí que el cielo tiene su propio idioma. Me comuniqué con los que estaban en esa entrada sin el idioma de la tierra, que ha separado a los humanos por milenios.

Aunque en general el conocimiento y el entendimiento venían sin necesidad de palabras, las pocas palabras pronunciadas, de hecho, eran muy apreciadas. El cielo es la casa de Dios y hablaremos el idioma del cielo, por eso ¡nunca habrá malentendidos!

Sonrío cuando escucho a personas decir: «Ya quiero ir al cielo para preguntarle a Dios...».

En el cielo sabremos la importancia de casi todas nuestras dudas terrenales. Desde el momento en que lleguemos, sabremos todo lo que necesitaremos saber. Ya no estará toda esa confusión y la incertidumbre de esta vida.

Estar en el cielo es estar con Dios.

Pablo lo dijo así: «Ahora vemos de manera indirecta y velada, como en un espejo; pero entonces veremos cara a cara. Ahora conozco de manera imperfecta, pero entonces conoceré tal y como soy conocido» (1 Corintios 13:12).

Es una reunión sagrada. ¡Cara a cara!

Las declaraciones de Jesús acerca de muchas viviendas o mansiones en el cielo son reales (véase Juan 14:1-6). Allí pude ver estructuras elaboradas que, según los estándares de la tierra, calificarían como mansiones. Por la entrada pude ver edificios magníficos en las calles de oro, eran hogares para los hijos de Dios.

En la noche en que fue traicionado, Jesús les prometió a sus discípulos: «En el hogar de mi Padre hay muchas viviendas; si no fuera así, ya se lo habría dicho a ustedes. Voy a prepararles un lugar. Y, si me voy y se lo preparo, vendré para llevármelos conmigo. Así ustedes estarán donde yo esté» (Juan 14:2-3). Confío en que tendremos un lugar para vivir.

Tal vez en algún momento alguien me preguntará por qué no le presté atención a más detalles. Bueno, estaba tan enfocado en esos encuentros frente a mí que no estuve tan perceptivo como debería durante mi poco tiempo allí. No pensaba que volvería a la tierra y, en el poco tiempo que estuve allí, estaba fascinado por la belleza y la perfección que me rodeaba.

La gente del cielo verdaderamente goza cuando sabe que alguno de nosotros está llegando. Una vez, me preguntaron si un ser querido en el cielo extraña a quienes estamos aquí en la tierra. Esta es mi respuesta: no nos extrañan, *nos esperan*.

En Lucas 15:7 Jesús nos dice que el cielo se alegra cada vez que alguien de aquí hace su reservación para ir. Cuando confesamos a Cristo como Salvador, nuestros nombres se anotan en el libro de la vida, el libro del Cordero, la lista de reservaciones de Dios según Apocalipsis 21:27. La Biblia nos dice a los creyentes «alégrense de que sus nombres están escritos en el cielo» (Lucas 10:20).

Para ellos no transcurre el tiempo. Aunque pasen décadas aquí en la tierra después de separarnos temporalmente de ellos, nos encontraremos «en un instante, en un abrir y cerrar de ojos» (1 Corintios 15:52).

¿No sería sorprendente lo contrario? Moisés y Elías, que habían dejado esta tierra hacía mucho tiempo, fueron reconocidos en la transfiguración (Mateo 17:3-4). El rey David creía que vería a su hijo después de que su bebé muriera, hasta dijo: «Yo iré adonde él está» (2 Samuel 12:23).

«Seremos semejantes a él, porque lo veremos tal como él es» (1 Juan 3:2). Después de su resurrección, Jesús se presentó a los discípulos y ellos lo reconocieron. «(Jesús) se apareció a más de quinientos hermanos a la vez, la mayoría de los cuales vive todavía…» (1 Corintios 15:6).

Mateó registró lo que pasó cuando Jesús murió en la cruz. Uno de los hechos más sorprendentes fue que «se abrieron los sepulcros, y muchos santos que habían muerto resucitaron» (Mateo 27:52). En este versículo está implícito que sus familias y amigos los reconocieron. «Y, así como hemos llevado la imagen de aquel hombre terrenal, llevaremos también la imagen del celestial» (1 Corintios 15:49).

Más que alegrarse por el reencuentro, que fue espléndido en sí mismo, mis amigos se alegraban de que Dios les haya permitido estar por siempre en su presencia. Yo estaba colmado de gratitud mientras me preparaba para entrar al lugar del que había predicado por tantos años. Era más de lo que mis sentidos podían contemplar.

Pude ver algo a través de la entrada que estaba detrás de quienes me recibieron. Estas son algunas de las cosas que pude ver y eran como la Biblia las describe:

- La puerta estrecha (Mateo 7:13).
- Las murallas gruesas (Apocalipsis 21:17).
- Un bulevar dorado que cruza la ciudad (Apocalipsis 21:21).
- Un río que corre por el centro de la calle (Apocalipsis 22:1-2).
- Junto al río estaba el árbol de la vida, que da fruto y no está prohibido, tenemos acceso a él (Apocalipsis 22:2). (Evidencia de que comeremos, no solo para el sustento, sino para la comunión).
- Estructuras magníficas que bordean la calle y son las viviendas de los redimidos (Juan 14:2).

Mientras escribía esto, deseé poder gritarle a cada uno de ustedes, discípulos de Jesús: «¡Les va a encantar!». Una razón convincente por la cual no quería contar mi visita al cielo era saber que debía usar palabras terrenales. Ninguna palabra es adecuada.

Cuando miraba de cerca lo que había dentro de esas puertas altas, en el centro de la ciudad había una cima. Atravesando las puertas, el resplandor era aún más brillante. Había tronos como había visto Esteban en Hechos 7. Supe que ahí era donde el gran Dios de la creación y su amado Hijo reinan sobre todo (véase Apocalipsis 22:3).

Sin dudarlo, estaba impaciente por cruzar esa entrada, atravesar esas murallas enormes, caminar por el bulevar de oro y escalar el pequeño monte. Aunque no haya visto a Dios, sabía que cuando estuviera dentro, como menciona tres veces Apocalipsis 21, estaría «con Él». Creo que estar con Dios en el cielo debe ser el momento más glorioso del lugar santo, debe superar ampliamente la luz brillante que encontré en la entrada. En ese momento caería a los pies del Señor de la creación y gritaría: «¡Gracias por permitirme estar aquí!».

Seguí mi vida para hacer exactamente eso. Todos en mi comité de bienvenida (esos seres queridos que me ayudaron a llegar al cielo o me alentaron a perseverar en la vida cristiana) se fueron para darme libre acceso.

Más allá de mi encuentro con mis seres queridos, las dos cosas que me marcaron para siempre allí fueron los ángeles y la música.

Primero, los ángeles estaban por todas partes y muchos de ellos merodeaban alrededor de mí cuando llegué. Ansiaba escuchar sus voces en el cielo como se menciona en Apocalipsis 5:11, y lo hice, pero la bendición más grande que recibí fue escuchar el reconfortante sonido santo de sus alas. Los ángeles son los grandes mensajeros y siervos de Dios, y tienen muchas formas. Todos son seres magníficos, algunos poseen muchas alas, otros solo tienen dos y otros simplemente no tienen.

El único sonido que he escuchado que podría llegar a compararse con ese aleteo de los ángeles es el sonido de cuando me topé con una bandada de pájaros en el bosque cuando era niño. Pero en el cielo, pude oír las alas de los ángeles. En momentos de tranquilidad y reflexión aquí en la tierra, aún puedo oírlos. Es un sonido muy reconfortante y alentador. Ya quiero sentirlo otra vez. Dios sabe que quiero que todos aquí los escuchen.

Segundo, mientras me acercaba al portal de gloria, mi alma estaba completamente inundada de música. Dios no solo nos dio la música, sin duda es fanático de ella, porque en el cielo las melodías eran constantes. En Job 38:7 dice que la música comenzó en la creación: «mientras cantaban a coro las estrellas matutinas y todos los ángeles gritaban de alegría». Aunque la Biblia menciona la música, antes de esa visita al cielo no había pensado mucho en la música celestial. Es una multitud de melodías gloriosas, todas adorando a Dios. A pesar de que parecen ser miles de canciones al mismo tiempo, no existe el caos, no hay disonancia. Podía distinguir fácilmente cada una de ellas en ese momento, y aún puedo recordarlas ahora.

Luego de comenzar a hablar públicamente sobre mi experiencia, profesores de seminarios de música, músicos y cantantes me contactaron en estas tres décadas para saber más acerca de la música del cielo. Rara vez las melodías del cielo pueden escucharse aquí en la tierra; las canciones de aquí en comparación son inferiores.

El rey David era un músico dotado, compositor y proveedor de canciones para la gloria de Dios. Los instrumentos y la música que se mencionan en la Biblia son trompetas, arpas, flautas, laúdes, gaitas (mi apellido proviene de ahí), panderos, cítaras, cuernos, címbalos, liras, gongs, salmos, canciones y coros. Pude percibir en la armonía celestial otros instrumentos que nunca antes he visto u oído.

«El sonido se parecía al de músicos que tañen sus arpas. Y cantaban un himno nuevo delante del trono» (Apocalipsis 14:2-3). Apocalipsis 5:12-14 dice: «Digno es el Cordero… de recibir… alabanza». Dios ama oír a sus hijos alabarlo con música.

Oí miles de canciones en la entrada del cielo. Todas se cantaban a Dios en simultáneo sin entrar en caos, porque eran simbióticas.

Las diferentes canciones e instrumentos fluían juntos y, para mi asombro, podía distinguir cada uno de ellos con mis oídos celestiales.

Había una canción que se elevaba sobre ese tapiz de música: «Santo, santo, santo».

Esas melodías llenaban mi alma. De todo lo que experimenté en el cielo, la música es algo que mantengo conmigo hasta hoy. Puedo cerrar los ojos y escuchar las melodías celestiales. Desearía que todos pudieran escucharlas, pero eso es algo reservado para el pueblo de Dios, en su hogar.

Aquí en la tierra, ha sido un gran honor estar en presencia de experiencias de adoración en todo el mundo. Algunos de esos servicios de adoración se llevaron a cabo en catedrales elevadas con una acústica insuperable. Otras en graneros antiguos sin el beneficio de la electricidad para utilizar sistemas de sonido o instrumentos. He adorado en tiendas, en casas pequeñas, en un claro en el bosque, en auditorios escolares y casas de adoración de todas las denominaciones existentes del cristianismo.

Pude rescatar dos verdades: primero, que yo no soy el objeto de la adoración. Aunque *ofrecemos* adoración, Dios es el único objeto de la misma. Solo Dios es digno de nuestra adoración y alabanza. Pero yo puedo participar y experimentarla. Segundo, que Dios la recibe y la ama (ya sea en inglés, suajili, alemán, ruso, coreano o en lenguaje de señas). Dios entiende las palabras y el corazón detrás de las letras y la música.

No entendía ni una palabra de lo que cantaban los adoradores en un granero en Noruega o los siux en un powwow en la reserva indígena de Fort Peck en Montana, pero era para los oídos de Dios. He oído con alegría la música ungida por todo el mundo y es una gran bendición. Sin embargo, la música del cielo… Bueno, es celestial, y vamos a oírla por siempre cuando estemos allí.

Saturado de melodías celestiales, rodeado de huestes angelicales, recibido por personas valiosas que había amado y perdido, estaba listo para entrar por esas grandes puertas.

Mientras cruzaba la «fachada» e ingresaba por ese umbral de gloria, todo se detuvo.

En ese instante, me encontré en una oscuridad y silencio absolutos. Balbuceando, intenté decir: «¿Qué sucedió? ¡Acabo de llegar!».

Desde el vacío pude oír una voz. Esta vez no estaba frente a mí de la misma forma que en el cielo. Esta voz provenía de la oscuridad, no de la luz. Aunque no podía reconocer la fuente, más tarde supe que era el pastor que Dios guió a orar por mi cuerpo muerto en los restos de mi coche cubierto por una lona. Su mano estaba sobre mi cuerpo golpeado y estaba rogándole a Dios que me reviviera, y hasta que me sanara.

Él cantaba el himno «Oh qué amigo nos es Cristo» y a medida que lo escuchaba, comencé a cantar con él.

De inmediato estaba nuevamente en la tierra, con mi cuerpo destruido y casi irreconocible. Antes de comenzar a percibir el dolor, sentí una ola de depresión. *¿Por qué Dios no me permitió quedarme? ¿Por qué tuve que regresar a la tierra?*

Experimenté un dolor más grande de lo que alguna vez pude imaginar, al que le siguieron años de rehabilitación agonizante. Soporté treinta y cuatro cirugías mayores y años de hospitalización, terapia y rehabilitación. Pero lo más difícil fue hacerme esta pregunta todos los días: *¿Por qué Dios me permitió dar un vistazo al cielo y luego me lo quitó?*

Esos meses después del accidente enfrenté una gran depresión, un poco obviamente por el dolor constante, pero más que nada por mi decepción de estar vivo. *Dios, ¿por qué? ¿Por qué me enviaste nuevamente a este cuerpo con tanto dolor? ¿Por qué solo me mostraste el cielo para luego devolverme a la tierra con un cuerpo destrozado?*

Casi treinta años después, mi respuesta es simple: sucedió para que pueda confirmar a todos aquellos que me escuchan que *el cielo es real* y pueda proclamar al mundo que *Jesús es el camino al cielo.*

Una lección que aprendí en mi corto viaje me convenció de que nosotros, como seguidores de Jesucristo, estamos aquí en la tierra para ayudar a que todos entren al cielo. Cuando predico y enseño, invito a mi audiencia a asegurarse de reservar su lugar en la eternidad y, una vez que lo hicieron, necesitan anunciar la maravillosa noticia con otros.

Pienso en las palabras de Jesús a sus discípulos: «A cualquiera que me reconozca delante de los demás, yo también lo reconoceré delante de mi Padre que está en el cielo» (Mateo 10:32).

«Pregúntense a ustedes mismos, ¿quién entrará al cielo gracias a mí, mi estilo de vida y mis oraciones?», suelo decir en mis charlas.

Tal vez no veré a cada uno en la tierra, pero de verdad deseo ver a todos los que pueda en esa entrada gloriosa. Solo en ese momento lograremos nuestra plenitud espiritual. Solo allí estaremos libres del dolor, la incertidumbre y la muerte.

Desde mi regreso a la tierra, le he encontrado un significado muy enriquecedor a las palabras de Pedro: «¡Alabado sea Dios, Padre de nuestro Señor Jesucristo! Por su gran misericordia, nos ha hecho nacer de nuevo mediante la resurrección de Jesucristo, para que tengamos una esperanza viva y recibamos una herencia indestructible, incontaminada e inmarchitable» (1 Pedro 1:3-4).

Para mí, lo mejor del mensaje de Pedro es lo que sigue: «… Tal herencia está reservada en el cielo para ustedes, a quienes el poder de Dios protege mediante la fe hasta que llegue la salvación que se ha de revelar en los últimos tiempos. Esto es para ustedes motivo de gran alegría, a pesar de que hasta ahora han tenido que sufrir diversas pruebas por un tiempo. El oro, aunque perecedero, se acrisola al fuego. Así también la fe de ustedes, que vale mucho más que el oro, al ser acrisolada por las pruebas demostrará que es digna de aprobación, gloria y honor cuando Jesucristo se revele» (versículos 4-7).

Los versículos 8 y 9, incluso aunque suenan arcaicos en la versión Reina Valera 1960, me hablan muy fuerte: «A quien amáis sin haberle visto, en quien creyendo, aunque ahora no lo veáis, os alegráis con gozo inefable y glorioso».

Con gozo inefable y glorioso. Sin duda son las mejores palabras que puedo usar, pero aún siguen siendo inadecuadas.

No importa qué tan feliz pueda ser tu vida ahora, si el cielo es tu destino, un día *gozarás* con gozo inefable.

Mi comité
de bienvenida

Capítulo 4

MIS INFLUENCIAS

Nadie de mi comité de bienvenida había sido un ser humano perfecto. Como el resto de nosotros, tenían sus propias debilidades y fortalezas, talentos y manías. Pero lo que sí tenían era un amor constante por las personas y un deseo profundo de ver a aquellos que no están listos para ir al cielo, encontrar su camino hacia él.

Mientras estaban en la tierra, cada uno de ellos trajo sus pasiones y acciones a mi vida para que yo supiera acerca del cielo y deseara ir allá. Ellos me anunciaron a Jesús con hechos, palabras y actitudes. A veces creo que soy la consecuencia de su fe y su lealtad.

No puedo ni calcular las probabilidades de conocer a Jesús sin primero conocer a estas personas y ser influenciado por ellas. Sus palabras y sus hechos sin duda tuvieron un impacto directo para que yo conociera a Cristo a los dieciséis años y sea su seguidor.

Jesús me amó tanto que dio su vida por mí para que yo pueda ser un candidato al cielo; mi comité de bienvenida me amó tanto que hizo todo lo necesario para que yo reservara mi lugar. Por supuesto, desde mi accidente muchos han influenciado mi vida cristiana y lo siguen haciendo. ¡Aleluya! Los veré cuando esté en mi hogar eterno.

Cuando me encontré con esas personas gloriosas y radiantes en la entrada del cielo, no entendí completamente por qué eran ellos específicamente los que estaban allí. Estaba tan lleno de alegría y paz que no pensé en preguntarles. No estoy seguro de que las preguntas sean necesarias en el cielo.

Pero sí sabía que: *Estaba en casa* y quería quedarme.

Ese era mi lugar y ellos obviamente estaban allí para escoltarme a través de esa entrada, con mucha alegría y gran entusiasmo.

Es imposible (y probablemente innecesario) que en los próximos capítulos mencione a cada una de las personas que estaban en esa entrada, pero quise hablarte solo de algunos pocos que representaron mucho para mí. La mayoría de ellos fue un poco responsable de que yo tuviese reservado un lugar en el cielo. Otros me han influenciado en lo espiritual de manera especial y significativa luego de mi experiencia de salvación.

Creo que llegarás a amarlos al igual que yo.

Capítulo 5

JAN COWART

En el verano sofocante de 1966, con dieciséis años y pantalones cortos, yo estaba relajado mirando televisión. Sonó el timbre y mamá atendió. Unos segundos más tarde dijo:

—Unas personas vinieron a verte.

—¿Quiénes son?

—Creo que son de una iglesia.

Estaba sorprendido de que hubieran venido a visitarme y preguntaran por mí.

—¿De verdad?

—Son tres y parece que tienen tu edad.

Mi familia no iba a la iglesia en esa época, por eso me preguntaba por qué habrían ido a verme. Rápidamente me puse una camisa y el calzado. Me entusiasmaba que me visitaran chicos de mi edad. Mi corazón se aceleró ante la idea de conocer jóvenes de una iglesia. Nunca antes había venido a nuestra casa alguien de alguna iglesia. Una vez, un vecino me hizo una invitación casual a un servicio o actividad especial donde adoraban, pero eso era todo.

Mi madre los invitó a pasar y tomar asiento mientras me esperaban. Muy nervioso, entré a la sala donde ellos estaban. Eran dos mujeres y un varón. Aunque ellos obviamente sabían quién era, dije:

—Hola, soy Don, encantado. Gracias por venir.

En especial, recordaba a Jan Cowart, ella me agradaba. No nos habíamos conocido, pero yo sabía quién era ella, ambos íbamos a la preparatoria Bossier, en Bossier City, Luisiana. Los otros dos eran estudiantes de nuestro archirrival, la preparatoria Airline.

Jan era una muchacha linda, encantadora, de voz suave, su pelo corto lucía con mucho estilo. Sus ojos café oscuro pestañeaban detrás de sus gafas de carey. Mostraba una gran sonrisa acompañada por una risa dulce de adolescente. Después de conocernos mejor, la consideré una de las chicas más inteligentes que conocía.

La segunda era Carmen. Una vez me la habían presentado, aunque no pensé que se acordaría de mí. Ella usaba lentes puntiagudos, era amigable y sonreía bastante.

El muchacho se presentó como Barry, y con solo mirarlo, cualquiera sabría que era deportista: era grande y musculoso, su apretón de manos era firme y su sonrisa, amigable.

Nos miramos entre nosotros de manera incómoda, se produjo un pequeño silencio y alguien tosió.

—Nos gustaría invitarte a visitar nuestra iglesia —dijo Barry—. Tenemos un grupo genial de jóvenes en la Primera Bautista y creemos que te gustará.

—Hacemos todo tipo de actividades y dedicamos un tiempo para desarrollar la amistad —dijo Jan—. A algunos del grupo ya los conoces.

—Nos encantaría que vinieras —agregó Carmen.

De inmediato me impresionó que jóvenes de mi edad se tomaran el tiempo de sus vacaciones de verano para venir a mi casa e invitarme personalmente a su iglesia. Por lo que me acuerdo, se quedaron menos de quince minutos, pero eso fue suficiente.

—El domingo iré —les prometí.

—Maravilloso —dijo uno de ellos, y los tres dejaron en claro que esperaban verme el domingo.

Más tarde supe que, aunque estaban contentos por invitarme a su iglesia, yo estaba aún más entusiasmado de ir. Ellos vinieron el jueves, y esos días hasta el domingo estuve impaciente y ansioso por ir. Había ido a esa iglesia pocas veces, cuando tenía nueve o diez años, porque ahí mi abuela enseñaba la Biblia a los niños. De pequeño asistía a la escuela bíblica de verano. Un año, hice una especie de obra de arte con palitos de helado que mi madre colocó en la puerta del refrigerador.

Mi padre trabajaba en el ejército de los Estados Unidos. Por ese motivo nuestra familia era nómada, nos trasladábamos a menudo y no éramos miembros regulares de ninguna iglesia. Por ser hijo de militar, estaba cansado de ser siempre el niño nuevo en cada lugar que enviaban a mi papá.

Papá se había jubilado hacía poco y mis padres habían comprado una casa permanente en Bossier City, Luisiana. Por primera vez en mi vida no necesitaríamos mudarnos cada dos años. Casi no conocía a nadie en la escuela, por eso me agradaba la idea de hacer amigos.

Seguramente eso me hizo más receptivo de lo normal cuando Carmen, Jan y Barry vinieron a invitarme a la casa de Dios.

Me sucedió algo especial. Seguía recordándome que habían venido a verme *a mí*. Eso y que mis pares mostraran tanto interés en mí me hacía sentir excepcional. Como cualquier adolescente, quería estar con otros de mi edad.

Esa mañana de domingo, que me cambiaría la vida, tomé prestado el auto de mi madre y conduje hasta la Primera Bautista. Cuando llegué, seguí las instrucciones que me habían dado las visitas. Enseguida encontré el salón en el que me dijeron que se encontraban para la escuela dominical.

Respiré hondo, entré al salón donde daban el estudio bíblico a los de segundo año y busqué a mis nuevos amigos.

—¡Viniste! —gritó Jan. Sonriente vino hacia mí cuando entré.

—Como prometiste —dijo Carmen.

—Cuando hacemos visitas recibimos muchas promesas, pero no muchos cumplen —dijo Barry.

No sé bien quién estaba más contento esa mañana de 1966: yo, por la posibilidad de ser parte de un grupo como ese, o los tres que me invitaron, porque alguien al que habían invitado fue al grupo como había prometido.

Durante los meses siguientes asistí fielmente a la iglesia y pude conocer bien a quienes me habían invitado. Como Jan y yo íbamos a la misma escuela, teníamos más oportunidades de interactuar. Estoy seguro de que podría haberme hecho más amigo de Carmen y Barry si hubiéramos asistido a la misma preparatoria. Jan y yo también teníamos muchos intereses en común en el colegio. Ambos fuimos nominados para la Conferencia de Liderazgo de la Universidad Estatal de Luisiana (LSU , por sus siglas en inglés), para una condecoración estatal llamada Pelican State y para la Sociedad Nacional de Honor.

Jan se convirtió en editora del periódico escolar y miembro de los clubes de química y física, también era presidenta de las Futuras Amas de Casa de Estados Unidos y se introdujo en Pluma y Papel, la sociedad nacional de honor para periodismo.

Yo era el presidente de la Liga Forense Nacional (club de debate), la Sociedad Dramática Nacional (club de teatro) y miembro del consejo escolar. Mirando hacia atrás, éramos bastante *nerds*, pero nos deleitábamos en eso, recordando siempre que estábamos *en* el mundo, pero no éramos *del* mundo. Me llevó algunos meses entender ese concepto.

Trabajábamos juntos en muchos proyectos escolares y asistíamos a los encuentros de jóvenes y al estudio bíblico. Me encantaba ver la cara sonriente de Jan en los pasillos del colegio o en un encuentro de organización cuando cruzaba la puerta.

De hecho, fuimos novios varios meses, no sé bien por qué terminamos, solo sé que ambos nos dimos cuenta de que éramos buenos amigos pero no había ningún interés romántico a largo plazo.

Me enteré que a Jan y a su hermano mayor, Richard, los habían adoptado de pequeños dos miembros maravillosos de la Primera Bautista, Leo y Ethel Cowart. Por eso crecieron en esa iglesia. Jan era una cristiana muy fiel, de los discípulos más auténticos que haya conocido. Su hermano tenía un llamado al ministerio y estaba estudiando en un seminario en Kentucky.

En los años sesenta, los jóvenes cristianos muchas veces se juntaban en casa de sus padres luego del servicio del domingo en la noche, lo llamábamos «confraternidad». En esas fiestas informales pude conocer bien a los Cowart. Me agradaban tanto como yo a ellos y en poco tiempo comenzaron a invitarme a cenar. Esos eran eventos excepcionales, ya que Jan se especializaba en actividades domésticas en la preparatoria y ya era una cocinera fabulosa.

Aunque pronto descubrí que cocinar bien no siempre hace que los comensales disfruten la cena. Uno de los pocos vegetales que no me gustan son los espárragos. Una noche el plato principal en la casa de los Cowart era espárragos a la cacerola. Estoy seguro de que era un plato sabroso para muchos, pero a mí podrían haberme nominado al Oscar por la actuación de esa noche y fingir que disfruté de esos *dos* platos de comida. Ah, el precio del cortejo.

Dos de mis películas favoritas de siempre son *Lo que el viento se llevó* y *Romeo y Julieta* de Franco Zeffirelli. Ambas las vi en una cita con Jan Cowart en el glorioso cine Strand en el centro de Shreveport. Además de recordar a los Montesco y Capuleto, y a Scarlett y Rhett, poseo los recuerdos de Jan Cowart y las lágrimas que derramamos sobre las palomitas de maíz.

En la primavera de ese año, debido al amor que veía en ellos, supe que quería lo que Jan, Carmen y Barry tenían en sus corazones. Quería que Cristo fuese mi Salvador, como lo era para ellos. A menudo les hacía preguntas acerca de Jesús. A su favor, siempre me daban respuestas simples y nunca me presionaban. Me alegra que nadie me haya presionado para convertirme en creyente. Como quería saber más, estudiaba acerca de Jesús siempre que podía.

Luego de unos meses, comencé a leer la Biblia todos los días, comencé con Génesis y seguí hasta Apocalipsis. Aunque no siempre entendía todo lo que leía, la leí con pasión de tapa a tapa.

Un domingo después del servicio, hablé con mi maestro de escuela bíblica, Joe Cobb.

—He estado viniendo por varios meses, quiero conocer a Jesús como lo conoces tú y los demás —le dije.

Joe sonrió, con evidente alegría por lo que estaba pidiendo. También se lo dije a Jan. Ambos me sugirieron que me reuniera con el pastor de jóvenes de la iglesia, Tom Cole.

Estuve de acuerdo con eso, había llegado a respetar y admirar mucho a Tom y creí que la sugerencia de Joe y Jan era un buen consejo.

Llamé a Tom y coordinamos un encuentro en mi casa en la tarde siguiente después de clases. Él vino, como prometió, y yo me puse muy contento cuando lo vi en la puerta. Se sentó en el mismo sillón café bordado de la sala donde Jan, Barry y Carmen me habían invitado a la iglesia.

Tom me explicó qué significaba convertirse en cristiano y, cuando vio mi sinceridad, me guió en oración y entregué mi vida a Jesucristo. Me dijo que tomar una decisión privada era una experiencia gloriosa, pero que debía querer que otros también lo supieran, y me daba mucha felicidad hacerlo.

Al siguiente domingo por la mañana, como Tom me había alentado, en el momento de la invitación (que le decían llamado al altar) pasé al frente de la Primera Iglesia Bautista. Nuestro pastor, el doctor Damon Vaughn, me saludó y le conté de mi nueva fe. Él expresó su alegría por mi decisión y le hizo saber a toda la familia de la iglesia que ahora era uno de ellos, un pecador salvo por la gracia.

Jesús era *mi* Salvador. La Primera Bautista se convirtió en *mi* iglesia
y sus miembros en *mi* familia espiritual.

Cuando terminó el servicio, los primeros en felicitarme fueron
Joe Cobb, Tom Cole, Barry, Carmen y Jan. También estuvieron
presentes dos semanas después, cuando me bauticé. Podía sentir
su alegría genuina por mí, casi como si estuvieran reviviendo su
propia experiencia de salvación con mi decisión y mi bautismo.

———✦———

Antes de que Jan, Carmen, Barry y yo fuésemos a la universidad
en 1968, pasamos muchos momentos juntos en la Primera Bautista,
en estudios bíblicos, confraternidades, retiros de jóvenes, fiestas
de pizza, reuniones de grupo y juegos de futbol americano los domingos por la tarde. Mi vida no hubiese sido la misma sin esas bases. Al poco tiempo de comenzar la universidad perdí el rastro de
Carmen. Oí que estaba felizmente casada, que había tenido hijos y
que vivía cerca de Bossier City, cruzando el estado, al este de Texas,
pero nunca la volví a ver.

Barry fue a la universidad con una beca deportiva para jugar al futbol americano. Más tarde se casó y tuvo varios hijos, al
menos tres, que son mariscales de campo en la Academia de las
Fuerzas Armadas de los Estados Unidos. La última vez que hablé
con Barry lo habían nombrado entrenador de futbol americano y
director deportivo de una gran escuela cristiana cerca de Dallas,
Texas.

———✦———

Después de mi decisión de fe, Jan fue de mucho apoyo en mi vida.
En los momentos buenos y en los malos, siempre parecía tener
una buena palabra para mí. Me alentó cuando estaba mal, nunca

fue altiva ni me juzgó, me advertía con amor cuando sentía que me estaba desviando de la senda.

Desde el principio de mi camino de fe hasta que fui creciendo como un seguidor fiel de Cristo, fue la amiga más fiel y genuina. Aunque nuestro romance se terminó en nuestro último año de preparatoria, apreciaba mucho su amistad y admiraba su fe constante en Dios.

Luego de la universidad nuestros caminos tomaron distintos rumbos, pero siempre sonrío cuando pienso en Jan, algunas personas causan eso en mí. No solo por los momentos maravillosos que pasamos en la iglesia o en nuestras citas, sino porque Jan Cowart tuvo un papel crucial en mi caminar con el Señor.

Solo Dios sabe lo que hubiera ocurrido en mis últimos días de la preparatoria y en la universidad si esos tres jóvenes no hubieran tocado nerviosamente mi puerta de la calle Fullilove esa tarde de verano para invitarme a su iglesia.

Diez años después, se me partió el corazón al enterarme de su partida. Jan toda la vida había tenido diabetes tipo 1, había enfrentado esa enfermedad con mucha valentía, hasta que le quitó la vida a la corta edad de veintiocho años. Siempre fue sincera conmigo sobre su dependencia de las inyecciones diarias de insulina. Jan se había casado al graduarse de la universidad, pero no tuvo hijos. Ella fue una de las personas más buenas, afectuosas y leales que he conocido.

En el cielo, Jan fue una de las primeras en recibirme. Aunque no dijimos ni una palabra, ahora puedo hablar acerca de los sentimientos y las emociones que sentí y las palabras que hubiésemos dicho.

«¡Bienvenido a casa, Don!». Se hubiese reído como siempre hacía en la tierra, tal como lo hizo la primera vez que la vi.

Dos décadas después, estaba dándome la bienvenida nuevamente, pero esta vez en las puertas del cielo. Ella me abrazó con mucha alegría la mañana que expresé mi decisión por Cristo.

Después me recibió con gozo en las puertas del cielo. Su influencia fue muy importante para que yo conozca a Cristo.

A veces me sorprende la realidad: Jan Cowart sabía que llegaría al cielo ese día y estaba allí para recibirme.

No sé exactamente *cómo* es que ella y los otros sabían que yo llegaría en ese momento, pero tampoco es importante. *Ellos lo sabían y estaban listos para recibirme.*

Jan merecía estar allí con ese grupo de personas porque ella me ayudó, más que cualquiera, a llegar al cielo. Me guió en silencio en mi crecimiento espiritual y voy a estarle siempre agradecido.

Para ser sincero, ver a Jan otra vez en el cielo fue algo muy valioso para mí como para contar mis vivencias con ella. En todas mis charlas alrededor del mundo nunca la mencioné.

Tal vez las circunstancias de su corta vida y su muerte eran muy dolorosas y no quería revivirlas. En 1972, el hermano de Jan, Richard, y su esposa embarazada (ambos de veinticinco años) fallecieron en un terrible accidente volviendo del seminario a casa. Jan solo vivió hasta 1978. Los hermanos, adoptados con tanto amor por la familia Cowart, estaban juntos otra vez. Estaban descansando en el Cementerio Greenwood de Shreveport antes de cumplir los treinta años.

Creo que ahora es momento de que me abra y cuente su influencia, solo para ayudarte a ver el papel que debes desarrollar para llevar a otros a Cristo.

Nadie llega a Dios solo, todos contamos con otros que nos alientan, nos dan un empujón o nos exhortan a volvernos a Dios. Algunos vivieron una vida que honra al Salvador, por más que sus palabras hayan sido pocas o su tiempo en esta tierra haya sido limitado.

Si somos creyentes, podemos saber que el cielo nos espera, pero que además un comité personal nos dará la bienvenida. Todos ellos han partido antes que nosotros y se encontraron con su propia nube de testigos especiales. El «bastón» de la salvación se pasa de un alma a otra, y a otra, y a otra.

Capítulo 6

MIKE WOOD

El 17 de noviembre de 1968, el *Shrevport Times* publicó una fotografía de Mike Wood con otros cuatro deportistas que eran principiantes de los Baby Bengals (el sobrenombre del equipo de futbol americano de primer año de la Universidad Estatal de Luisiana). Mike estaba en el centro, más grande que los otros jugadores uniformados de Luisiana del Norte. Cuando vi la fotografía en el *Times* sentí orgullo por lo bien que le estaba yendo.

Diez días después, su fotografía estaba nuevamente en el periódico. Esta vez estaba en los obituarios.

Quiero hablarles acerca de este muchacho increíble. Aunque Mike Wood y yo fuimos a la misma escuela y era miembro de la Primera Iglesia Bautista, no interactuábamos mucho, solo durante las clases, en las organizaciones donde servíamos o cuando nos cruzábamos en el pasillo. Pero definitivamente sabía quién era, todos conocían a Mike Wood.

Había algo que lo destacaba, era alto y musculoso, no pasaba desapercibido y era muy guapo. Las chicas estaban completamente enamoradas y los chicos querían ser como él. Como si eso fuera poco, él era uno de los adolescentes más centrados que he conocido en mi vida.

A veces yo decía: «La sonrisa de Mike tiene el poder de iluminar cualquier lugar y hasta de descongelar una nevera».

Yo era casi un chico *nerd*. Me gustaba hablar en público y mi materia favorita era Lengua, pero no era para nada un deportista. Practicaba atletismo y estaba en buen estado físico, pero el deporte no era lo mío. Dedicaba mucho tiempo al club de debate y al de teatro, pero carecía de la energía necesaria para el tiempo que llevaba practicar un deporte. La mayoría de mis actividades extracurriculares eran de traje y corbata.

En contraste, Mike era un gran deportista, con paquete completo: era humilde, popular, amable y dulce. Él se destacaba en muchas cualidades envidiables y era evidente su fe en Cristo, algo único en alguien tan popular como él. Siempre que podía, Mike hablaba de su fe con discreción y seguridad.

Creo que muchas veces es más difícil ministrar a los que tienen todo que a los marginados, porque ellos no sienten una necesidad. Con todo lo que Mike poseía, su gran aspecto, su habilidad atlética y su novia (digo, eso es lo que los chicos buscan a esa edad), ¿por qué necesitaría al Señor?

Pero a pesar de su aspecto y su popularidad, Mike no intimidaba a nadie y nadie discutía con él cuando hablaba de Jesús. Él era tan sincero y directo que nadie lo veía como un discurso armado. Mike era genuino y se notaba. En verdad no parecía necesitar nada pero, así y todo, tenía a Jesús y no estaba avergonzado de eso.

Su relación con el Salvador era lo que hacía que Mike fuera así. Puedo decir con honestidad que nunca lo vi comportarse de manera incorrecta para un cristiano. Él no era perfecto, pero sin duda Mike estaba más adelantado que el resto de nosotros en el camino espiritual.

Su vida dentro y fuera del campo de juego era un testimonio. Cuando ambos estábamos en segundo año, Mike comenzó a salir con Pat White, quien era la bastonera de la banda de la preparatoria Bossier. Ella era pequeña y rubia, Mike tenía el pelo oscuro y medía treinta centímetros más que Pat. Ellos dos eran como los protagonistas de una película adolescente.

Pat moría por él y, aparentemente, Mike la amaba. A decir verdad, nunca conocí a nadie a quien no le agradara Mike. Sus padres lo adoraban y era obvio que se sentía amado y protegido. Los entrenadores escolares pensaban que era maravilloso. ¿Quién no? Mike se destacaba en cuatro deportes y nunca dejaba de lado su humildad.

Durante los años de preparatoria, la ciudad de Shreveport, Luisiana, era apodada la fábrica de mariscales. Joe Ferguson, que jugaba para nuestro rival, la preparatoria Woodlawn, llegó a convertirse en jugador de la NFL en los Buffalo Bills.

Cualquier domingo podías ver lanzando pases al antecesor de Joe Ferguson, Terry Bradshaw y otros mariscales de la NFL del norte de Luisiana, como James Harris, Bert Jones, Doug Williams y David Woodley.

La preparatoria Bossier era un duro rival en los deportes y sus estudiantes lograron tener carreras increíbles. Estoy seguro de que si Mike hubiese vivido, su carrera hubiese sido espectacular.

⁕

Nunca esperé conocer a Mike, y mucho menos convertirme en su amigo. Yo creía que no estaba a su nivel y nuestros mundos eran muy diferentes. Mike y yo nos conocimos cuando estaba en segundo año. Mi familia se mudó a su ciudad cuando mi papá se jubiló del ejército y volvió de Vietnam.

Un día, Mike y Pat me invitaron a sentarme con ellos en el almuerzo. Para un chico como yo, que era nuevo, era muy importante sentirme bienvenido. No sé por qué me recibieron, pero me integraron y me consideraron uno más de ellos. Me sentí honrado al ser incluido como su amigo, sorprendido de que se acercaran a mí. Cuando nos hicimos amigos, Mike me contó que era cristiano desde niño.

Nunca disponíamos de mucho tiempo para almorzar en la escuela y no podíamos salir del campus, pero como la comida era bastante buena, estaba bien. Sin importar lo sabrosa que fuese la comida, nunca era suficiente para un chico en crecimiento como Mike. Aprendí a no sentarme a su lado, porque siempre que yo conversaba con alguien más y miraba hacia otro lado, Mike me quitaba el pollo o el bistec de mi plato y, después de devorarlo en segundos, sonreía.

Sabía que era todo por diversión y proteger el plato del hambre desmedida de Mike se había convertido en la broma de nuestra mesa.

Nuestro maestro de la escuela bíblica en la Primera Bautista, Joe Cobb, era el dueño de Cobb's Barbaque. Teníamos encuentros de confraternidad en su casa después de la iglesia, para la clase bíblica de los chicos de tercer año (éramos quince aproximadamente). Joe traía comida de su restaurante: jamón, bistecs, ensalada de papa, ensalada de col y en especial un postre de plátano. Por supuesto, cuando Joe nos invitaba, nos poníamos muy contentos. Casi nunca sobraba comida, especialmente cuando asistía Mike. No puedo calcular la cantidad de comida que ese chico podía consumir.

Algunos de los mejores recuerdos de mi adolescencia fueron con ese grupo de jóvenes, aprendíamos de Jesús, crecíamos y pasábamos tiempo juntos en la escuela y en la iglesia. Siempre que estaba Mike, él me alentaba a leer la Biblia y orar. Me acuerdo de esos momentos en la escuela bíblica cuando cada uno leía en voz alta un versículo de la Palabra. Algunos de nosotros, con dieciséis años, nos avergonzábamos y tartamudeábamos al momento de leer, más que nada con los nombres de esos personajes bíblicos menos conocidos. Pero cuando era el turno de Mike, él leía con mucha fluidez y sonreía como diciendo: «Lo hice», y así era.

El domingo que caminé por el pasillo de la iglesia para proclamar mi fe en Jesucristo, Mike se apresuró a saludarme y también estuvo presente cuando me bauticé. Agradezco mucho que Mike estuviera siempre que necesitaba un amigo o alguien con quien hablar, él siempre estaba listo para escuchar con atención, demostrándome que le importaba. No pensaba qué me diría cuando yo terminara de hablar, él se enfocaba en mí. Era un chico de pocas palabras, pero cuando hablaba, era sincero y afectuoso.

Ambos terminamos la preparatoria en 1968. Recibimos nuestros diplomas una tarde fresca de mayo en el mismo campo de deportivo donde Mike había demostrado tantas veces sus habilidades competitivas. Como suele suceder, nunca volvimos a estar todos juntos en la misma ciudad.

No sabíamos que no volveríamos a vernos.

Mike recibió una beca completa para jugar futbol americano en la Universidad Estatal de Luisiana en Baton Rouge. En esos días, los de primer año no podían jugar en el equipo universitario, pero Mike comenzó a jugar en el equipo de novatos, porque su habilidad sobresalía. Se decía que era uno de los mejores.

Yo había planeado incorporarme al ejército cuando me graduara y servir como mi padre lo hizo, hasta cumplir los veinte años. Pero en lugar de eso, mi padre insistió en que asistiera a la universidad. Él insistió, aunque provenía de una extensa familia de militares que se remontaba al sitio de Vicksburg en la Guerra Civil (mi tátara-tátara-tatarabuelo, Israel Piper, cayó en ese campo de batalla, luchando por el 99° Regimiento de Infantería de Illinois).

—No, hijo, no. Quédate en la universidad y preocúpate por tu educación —me dijo mi papá.

Él se había jubilado al inicio de la guerra en el sudeste asiático. Sabía muy bien lo que sucedía en Vietnam. Él regresó a casa con medallas, pero con recuerdos espantosos, y sabía los peligros que yo enfrentaría.

Me sentía decepcionado, porque pensé que él estaría orgulloso de que yo fuese voluntario en el ejército.

Luego papá apeló a mi orgullo: —Serás el primero de esta familia en recibir un título universitario. Cuando termines, si aún quieres ir al ejército, supongo que estará bien.

Le hice honor a los deseos de mi papá y me inscribí en la LSU en Shreveport. Después de un año, me trasladé a la sede central de la universidad, en Baton Rouge.

⚬⚬⚬

Seis meses después de la graduación de la preparatoria, estaba sentado en la sala y sonó el teléfono.

—Es para ti. Quienquiera que sea, parece triste —me dijo mi madre.

—Soy Jan Cowart. Tengo muy malas noticias —su voz se quebró y dijo—: ¡Mike Wood está muerto!

—Si es una broma, es de muy mal gusto —dije sintiéndome triste y confundido. Me desplomé en la silla más cercana.

—No es broma.

Entre lágrimas, Jan me dio más detalles de lo que había sucedido en el bulevar Barksdale, de Bossier City. A las 8:10 p.m., el 27 de noviembre de 1968, un día antes de Acción de Gracias, Mike estaba en una camioneta con el señor Allen, el papá de su mejor amigo. Habían ido a cazar, habían matado un ciervo y lo llevaban al almacén de Peterson, un procesador de carne que queda en el bulevar Barksdale. Cuando el señor Allen comenzó a cruzar una carretera para llegar al lugar, un camión los embistió de costado.

Creo que nadie sabe exactamente qué sucedió.

Mike murió al instante, pero el señor Allen sufrió heridas que no fueron mortales.

Luego pensé que mi amigo grande y fuerte había sido golpeado muchas veces por los tacles jugando al futbol americano, pero no tenía opción frente a esas toneladas de acero y vidrio.

Yo no tenía forma de saber que casi veinte años después me sucedería lo mismo.

Al día siguiente de darme la triste noticia, Jan y yo decidimos ir a su casa. No teníamos experiencia en esas situaciones, tampoco pensamos que otros también irían, pero cuando nos acercamos, no pudimos conseguir un lugar para estacionar el auto cerca de la casa. Por supuesto, todos en el vecindario sabían lo que había sucedido. Es decir, Mike era una gran estrella de esa ciudad y había fallecido. Finalmente, encontré un lugar a tres cuadras.

La puerta de entrada estaba entornada y la gente entraba y salía. Los dos hermanos menores de Mike, Larry y Kevin, estaban sentados en el frente, pálidos y mirando a la nada. Ellos solo asentían cuando alguien les hablaba.

Jan y yo entramos y los padres de Mike estaban en unas sillas, parecían estar perdidos en su sufrimiento. La señora Wood sollozaba por momentos y automáticamente limpiaba sus ojos con el pañuelo que sostenía en su mano derecha. El papá de Mike saludaba a las visitas, pero no parecía capaz de hablar.

Nos paramos en la fila y cuando llegó nuestro turno intentamos decir alguna palabra reconfortante. No recuerdo lo que dije, pero mis palabras salieron de un corazón afligido. Dudo que los padres recuerden algo.

A nuestra izquierda al final de un pasillo escuchamos un llanto ahogado que provenía de la parte trasera de la casa. Jan y yo con cuidado nos abrimos camino entre la gente que estaba en el pasillo y nos acercamos hacia donde se oía el llanto.

Su mejor amigo de la infancia, Don Allen, estaba acostado en la cama de Mike gimiendo como si sintiera un gran dolor. Con el corazón destrozado. Devastado. Parecía haber llorado tanto que ya no le quedaban lágrimas, esos llantos y gemidos me rompían el corazón.

Sin decir una palabra, cerré la puerta despacio. Ambos nos sentimos tristes y abrumados. De hecho, los dos días siguientes fueron puras lágrimas que me nublaban la vista y gemidos sin palabras.

El funeral resultó ser muy concurrido. Lo dirigió nuestro pastor, el doctor Damon Vaughn. La sala estaba repleta de nuestros excompañeros y miembros del grupo de jóvenes, casi el doble de la cantidad de otras personas que entraban en el velatorio Rose-Neath. Todo el equipo de entrenadores de la universidad estaba de pie contra la pared para no ocupar los asientos y muchos tuvieron que quedarse fuera.

Los padres de Mike, sus dos hermanos, Pat White y Don Allen estaban sentados cabizbajos, pálidos y en silencio.

De una forma inexplicable, mientras estaba allí sentado, por primera vez confronté mi mortalidad. Me pregunté qué pasaría si mi cuerpo sin vida estuviese en ese ataúd. Luego intenté imaginarme cómo hubiese sido la vida de Mike de haber vivido más tiempo.

Después del funeral, seguimos a la gran procesión de autos hacia el lugar del entierro. Hoy, cincuenta años después, su lápida de granito café sigue brillando, recordándonos a quienes lo conocíamos que él era una roca. «MICHAEL DAVID WOODS, 1950-1968». Abajo está grabada la primera frase del Salmo 121: «ALZARÉ MIS OJOS A LOS MONTES».

La noche siguiente al funeral, en mi cama, cerré los ojos y recordé la sonrisa contagiosa de Mike. Como no podía dormir, hojeé nuestro anuario de 1968, *Les Mémoires*. Contemplé su fotografía, viéndolo congelado en el tiempo en esas páginas, encestando, recibiendo pases y sonriendo. Siempre tendrá dieciocho años.

Diez años después de que Jan Cowart me avisara que Mike estaba muerto, ella se le unió en gloria a nuestro amigo en común. Nada los volverá a separar.

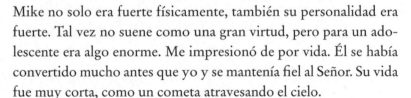

Mike no solo era fuerte físicamente, también su personalidad era fuerte. Tal vez no suene como una gran virtud, pero para un adolescente era algo enorme. Me impresionó de por vida. Él se había convertido mucho antes que yo y se mantenía fiel al Señor. Su vida fue muy corta, como un cometa atravesando el cielo.

Hoy en día en Bossier City, nuestra ciudad natal, hay un parque hermoso a menos de dos millas (tres kilómetros) del lugar del accidente, con imponentes nogales, un circuito de ejercicio, disc golf, área de juegos para niños, mesas de picnic, canchas de tenis y una piscina olímpica. Recorriendo el parque, pasé por una puerta de hierro forjado que decía estas palabras:

PARQUE CONMEMORATIVO MIKE WOOD

Su ciudad natal no ha olvidado a uno de sus hijos favoritos.

Cuando nuestra clase del 68 se reunió para el décimo aniversario, varios de nuestros compañeros ya no estaban, habían muerto en Vietnam como héroes nacionales. Pero la pérdida de ese gran futbolista americano y amigo Mike Wood también era devastadora. Todos ellos ya no están, pero nunca los olvidaremos.

En esa reunión fui el maestro de ceremonias. Con profundo respeto encendimos velas por aquellos que ya no estaban y luego leí en voz alta los nombres de nuestros queridos compañeros difuntos. Cuando llegué a Mike me inundaron los recuerdos, algunos preciados, otros muy dolorosos.

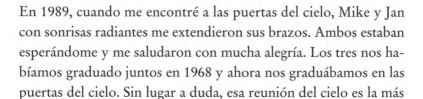

En 1989, cuando me encontré a las puertas del cielo, Mike y Jan con sonrisas radiantes me extendieron sus brazos. Ambos estaban esperándome y me saludaron con mucha alegría. Los tres nos habíamos graduado juntos en 1968 y ahora nos graduábamos en las puertas del cielo. Sin lugar a duda, esa reunión del cielo es la más grata de todas.

Mike estaba más feliz que nunca allí en el cielo. Me saludó con la misma sonrisa encantadora que disfrutábamos todos aquí en la tierra, excepto que era aún más grande y llenaba de gozo todo su rostro.

Me quedé contemplando su semblante alegre y lleno de vida. Por primera vez creí entender completamente las palabras de Pablo cuando hacía referencia a «la paz de Dios, que sobrepasa todo entendimiento» (Filipenses 4:7). Sin decir nada, Mike irradiaba un gozo inexpresable en palabras humanas y mientras me miraba su alegría al verme y recibirme era más grande que cualquier expresión que haya visto en su rostro naturalmente feliz. Sus brazos me abrazaron y me recibieron como un amigo, un hermano terrenal, y luego apuntaron hacia la entrada de nuestro hogar celestial.

En lugar de una camiseta de futbol americano, allí su alta figura estaba cubierta por una túnica muy brillante. Todos tenían una. Bajé la vista y vi que yo estaba vestido igual.

Mike, a su manera, me impulsaba constantemente a ser fiel a la iglesia y a los deberes cristianos. Él era mi ejemplo a seguir. A pesar de su popularidad, sus grandes habilidades y todas las oportunidades para deleitarse en sí mismo, siempre lo vi con un testimonio positivo y muy humilde. A todos los que lo veían él les demostró las virtudes de ser un verdadero seguidor de Cristo. Él encarnaba este versículo de 1 Pedro que dice: «Estén siempre preparados para responder a todo el que les pida razón de la esperanza que hay en ustedes» (3:15).

Una verdad nos unió para siempre, fuimos al cielo cuando morimos porque estábamos preparados para hacerlo. Habíamos confiado nuestro destino a Jesús y Dios nos recompensó con un hogar eterno.

La peregrinación de Mike en esta tierra fue corta pero de mucha influencia, especialmente para mí. Él era genuino y me aceptó como su amigo. Yo quería ser un modelo de esa vida armoniosa que Mike tenía, quería tener una fe auténtica en Jesucristo y brindarme a otros al igual que Mike lo había hecho conmigo.

Capítulo 7

CHARLIE DINGMAN

El doctor Damon Vaughn era mi pastor en la Primera Iglesia Bautista. Cuando sentí que Dios me llamaba al ministerio, se lo dije al pastor Vaughn y enseguida me alentó. Durante mis años en la universidad él dejó la iglesia para mudarse a otro estado, pero en 1984 regresó a Bossier City para pastorear la Iglesia Bautista Airline.

Un día recibí una llamada de él.

—¿Te interesaría servir en la iglesia Airline como mi copastor? —me preguntó. Su discurso fue muy convincente.

No era necesario, yo lo hubiese seguido a cualquier lugar.

—Me siento muy honrado —le dije.

Durante tres años lo acompañé a visitas pastorales, lo ayudé a planificar eventos, conduje funerales y bodas junto con él y prediqué cuando él no estaba. Fue un tiempo en el que principalmente pude aprender de ese hombre de Dios.

El crecimiento de la iglesia fue explosivo en esos tres años. Los primeros meses que me uní al equipo, nuestra iglesia creció tan rápido que los domingos tuvimos que rentar el espacio de la preparatoria Greenacres, que estaba cruzando la calle. Seguíamos creciendo, por eso rentamos los camarotes del velatorio Rose-Neath, ubicado al lado, para los estudios bíblicos de la semana. Ese lugar tuvo un papel muy importante en el crecimiento de la iglesia.

Obviamente, yo no provoqué ese desarrollo, pero me alegraba estar allí y ser parte de la alegría por lo que sucedía.

Como pastor adjunto, pasaba mucho tiempo haciendo tareas administrativos en la oficina de la iglesia. Como el edificio de la iglesia estaba ubicado en una calle principal, muchos peatones se acercaban por distintas necesidades. Algunos enfrentaban crisis económicas, otros tenían emergencias familiares y, sinceramente, algunos solo querían aprovecharse de los ministerios de beneficencia.

Ahí fue cuando Charlie Dingman realmente me ayudó. Él había estado en Airline por décadas, y recordaba los días en que la gente se acercaba por ayuda económica y la iglesia era casi tan pobre como ellos. A pesar de eso, evaluaba las necesidades de manera justa.

Él contaba con una especie de sexto sentido con respecto a los que tenían verdadera necesidad y a los que solo querían ver qué podían sacar. Como fuese, Charlie pecaba de bondad. Después de todo, él dirigía el comité de beneficencia y gracias a esos cristianos justos, misericordiosos, sensatos y sabios aprendí mucho sobre ayudar a los necesitados.

Cuando las almas tienen necesidades urgentes, no precisan un folleto bíblico o alguien que les diga: «No podemos ayudarte, pero Dios te bendiga», necesitan comida, pañales, dinero para la renta o para la factura de gas en invierno. Tal vez hasta necesiten un lugar para pasar la noche.

Charlie estaba feliz de que por fin nuestra iglesia fuera tan bendecida, porque así podríamos bendecir a otros. Él oró mucho para que esto sucediera, ¡y ahora lo estaba viviendo!

El regreso del doctor Vaughn a Bossier y el gran crecimiento que trajo fueron días dorados para la historia de la Iglesia Bautista Airline. Era algo asombroso, ya que apenas unos meses antes la pequeña congregación había pensado en cerrar sus puertas. Ahora, esas puertas estaban que reventaban, con un crecimiento fenomenal y satisfaciendo necesidades increíbles.

Es importante saber eso para lo que sigue.

Como copastor, me tocaba ayudar en casi todas las tareas del pastor principal. Entre todos esos ministerios estaba la visita a los hospitales.

Un día entró una llamada urgente a la oficina. Linda Thorn, de nuestro equipo de alabanza, nos contó que su padre, Charlie Dingman, estaba en la unidad de cuidados intensivos (UCI). En menos de una hora estuve allí listo para ver a Charlie.

En la UCI me preguntaba si acaso esa sería la última vez que estaríamos juntos. Conocía muy bien a Virginia y Charlie Dingman y los quería mucho. Eran uno de los pocos matrimonios que quedaban de ese fiel remanente que había permanecido años en la Iglesia Airline a pesar del drástico declive. Charles W. Dingman era un vendedor jubilado de Continental Bakery, además de servir en la patrulla escolar de la secundaria Greenacres frente a la Iglesia Airline. Unos años antes, a Charlie lo habían nombrado diácono de la iglesia, un llamado bíblico ordenado para servir y ministrar al Señor.

Charlie era un hombre pequeño que sufría una serie de enfermedades, cualesquiera de ellas pudo haberlo matado. Entré a la habitación y lo saludé. Durante nuestra conversación oí el zumbido de las máquinas que lo mantenían vivo y me quedé al pie de la cama. Él sonrió débilmente a través de su máscara de oxígeno.

Yo le devolví la sonrisa.

Me acerqué y tomé su mano.

—Charlie, te sacaremos de aquí —le dije—. Te necesitamos de nuevo en la iglesia, donde perteneces —le pedí que no respondiera nada—. Quiero que guardes las fuerzas. Vine a ver cómo estás, a animarte y a decirte que me preocupo por ti.

Le dije que quería orar por él antes de irme y él asintió. Entre la tos y el jadeo, me agradeció por haber ido a verlo. Luego aclaró su garganta y dijo con mucha seriedad:

—Me alegra mucho que Dios te haya traído aquí... con tu familia... para servir en Airline.

Yo asentí.

—Ver lo que Dios está haciendo aquí ahora es una de las mejores cosas que experimenté en mi vida. ¿Sabes, Charlie?, mis gemelos, Chris y Joe, acaban de entregarle su corazón a Jesús y van a bautizarse.

Debajo de la máscara de oxígeno, el rostro de Charlie se iluminó; sin embargo, tuve el presentimiento de que iba a decirme algo profundo e inolvidable.

—Hay algo que quiero decirte... —comenzó, haciendo una pausa entre las palabras para recobrar el aire—. Algo que nunca le he dicho a nadie.

Mi corazón se aceleró. ¿Esta iba a ser una de esas confesiones finales en el lecho de muerte? Me preparé para una revelación dramática.

—¿Recuerdas... los últimos domingos que el auditorio de la iglesia... estaba completamente lleno?

Me reí. Preguntarle a un pastor si recordaba cuando su iglesia estaba llena es como preguntarle a un barbero si le gustan las cabezas llenas de pelos.

—Sí, Charlie, recuerdo el auditorio absolutamente lleno. Ha sido maravilloso.

—Ver eso cada semana... ha sido una de las... alegrías más grandes de mi vida.

Mientras Charlie continuaba, corrían algunas lágrimas por su rostro desgastado. Esperé, sospechando que aún no me había dicho realmente lo que estaba en su corazón.

Me miró a los ojos y me dijo:

—Hace unos años, servía en el comité del edificio... y voté por construir el auditorio... donde hoy adoramos... costó bastante convencer a la iglesia... para construirlo —tosió y respiró hondo varias veces. En su rostro apareció una pequeña sonrisa—. Algunos se reían de nosotros —a pesar de su debilidad, apretó mi mano con más fuerza y pude sentir la presión de sus dedos.

Interrumpido por la tos y el jadeo continuó diciendo:

—A nuestras espaldas... otros decían... que nunca llenaríamos el auditorio. Después de un tiempo... comencé a preguntarme... si acaso no tendrían razón. En lugar de crecer... la congregación se reducía... Solo quedaban unas pocas almas... revoloteando por ese gran edificio cada semana... muy triste —respiró hondo repetidas veces—. Un domingo... después de una asistencia escasa, me quedé dentro, me puse de rodillas frente al altar y oré: «Dios, por favor, déjame vivir... lo suficiente para ver esta iglesia... llena... al menos una vez. Si pudiera verlo... moriría feliz».

Apreté la mano de Charlie a manera de respuesta. Su sonrisa era tan grande que se veía incluso a través de la máscara de oxígeno.

Continuó hablando con mucha dificultad, y aunque intenté que guardara fuerzas él sacudió la cabeza. Necesitaba hablarme y yo lo escuché a pesar de sus constantes pausas.

—Seguramente no lo sabes, pero fui maestro de escuela dominical en esta iglesia... desde 1960... aun cuando casi no había nadie a quien enseñarle... pero, oh, hermano... estos últimos meses... han sido de los más felices de mi vida. Ese primer domingo... que el lugar se llenó... pensé que este viejo corazón iba a explotar. No fue así... pero de todos modos ya está por agotarse... No sé cuánto tiempo más estaré aquí en la tierra... pero sé que ahora puedo morir feliz... Viví lo suficiente para ver... la respuesta de Dios a mis oraciones.

Volvió a hacer una pausa para recobrar el aliento y agregó: «Gracias a Dios».

En ese mismo lugar, en la UCI, Charlie y yo oramos en agradecimiento a Dios por responder las oraciones de muchos para ver la Iglesia Bautista Airline completamente llena.

Charlie Dingman se recuperó de su experiencia en la UCI y vivió unos meses más. Se fue con el Señor en enero de 1987, a los setenta y nueve años.

Durante sus últimos días vio un crecimiento aún más grande en la iglesia, una continua confirmación a la visión de Charlie y su gran compromiso.

Hoy en día, Charlie estaría radiante de felicidad al saber que el edificio por el que luchó tanto por construir aún sigue en Bossier City al servicio del pueblo de Dios. Ahora es una congregación distinta con el nombre de Iglesia Freedom. La Iglesia Bautista Airline creció tanto que debió reubicarse a unos pocos kilómetros al norte en la avenida Airline. El doctor Vaughn se jubiló y se convirtió en pastor emérito.

La fe, la visión y el trabajo de Charlie continuaron sirviendo al Señor mucho después de que su valiosa alma fuera a encontrarse con Jesús.

Después de mi accidente, cuando partí hacia el Señor, Charlie estaba allí con el resto del comité de bienvenida. Su cuerpo ya no era débil; era joven y fuerte, y nunca en la tierra lo había visto tan bien.

La inspiración y la paciencia de Charlie Dingman tuvieron un impacto muy profundo en mi vida y en mi ministerio. Sus oraciones efectivas y su perseverancia me ayudaron a superar muchos tiempos difíciles de desánimo. Haber conocido a un hombre en la tierra cuyo legado de visión, fe y oración fue recompensado contra todo pronóstico, me motiva hasta el día de hoy. Cada vez que pienso en orar por algo humanamente imposible, pienso en Charlie. Orar, creer y recibir es la herencia que recibí de él.

Desearía poder gritar cada semana a la gente que ingresa al antiguo lugar de la Iglesia Airline: «¡Este es el lugar de adoración por el que Charlie oró!». Él pudo ver la respuesta a sus oraciones en vida. ¡Qué legado! Sigo orando para que todos podamos llegar a ver la respuesta a nuestras oraciones y para que en las puertas del cielo nos reciban los que nos ayudaron a llegar allí.

Capítulo 8

SUE BELLE MCREA GUYTON

No fue solo una casualidad que en 1970 las puertas del ascensor se abrieran en el primer piso del Graham Hall, una residencia de hombres en la LSU, y Darrell Guyton estuviera allí. Cuando me vio, sonrió. Le agradecí a Dios incontables veces por ese momento. Nuestras familias eran miembros de la Primera Iglesia Bautista de Bossier City. Darrell iba a la preparatoria Airline y yo a la Bossier, por eso no teníamos mucho más contacto que en la iglesia y los fines de semana durante el viaje tedioso de cinco horas de ida y vuelta desde Bossier City a la universidad en Baton Rouge. En esos días, no existía la carretera interestatal y teníamos que conducir las doscientas cincuenta millas (cuatrocientos dos kilómetros) ya fuese en su cacharro o en el mío. Antes de tener auto, les pedíamos a otros de Bossier que nos llevaran. Cinco universitarios con ropa sucia para lavar en un Ford Mustang era una unión fuerte. A principios de los setenta, en ese agotador viaje no hacíamos más que dormir. Si Darrell no manejaba, podía dormirse incluso antes de llegar a la carretera.

El papá de Darrell, Marlyn Guyton, trabajaba en la Primera Iglesia Bautista. En aquellos días, muchas iglesias disponían de autobuses para recoger a los niños de la zona y llevarlos a la reunión. Marlyn era el director de este ministerio, por eso, obviamente, yo

sabía quién era. La madre de Darrell, Sue Guyton, era la nutricionista de la escuela primaria Bellaire. Algunos años después de que
Darrell y yo termináramos la universidad, mi hija, Nicole, comía los
almuerzos de la señora Guyton en el jardín de infantes de Bellaire.

Darrell estaba en el equipo de baloncesto de la preparatoria
Airline, así que jugaba contra mi amigo Mike Wood.

El padre de Darrell falleció en un trágico accidente mientras
viajaba para pescar, dos días antes de la Navidad de 1970. Queda-
mos pasmados con la noticia de su muerte. Aunque ya había ex-
perimentado la pérdida, aún era joven y no sabía bien qué decirle
a la familia.

Ese día en el ascensor de la residencia le dije:

—Quedé impactado con lo de tu papá. —Sin saber qué más
decir, agregué—: Sé que eran muy unidos. Lamento mucho lo de
su muerte.

—Gracias. Sí, fue un gran golpe.

Luego Darrell me miró fijo y dijo:

—Pero lo superaremos. Dios ha sido muy bueno con nosotros.

—¿En qué piso estás? —le pregunté.

—En el cuarto —respondió Darrell.

—No sé por cuánto tiempo más me quedaré en el tercer piso
—le dije—. Mi compañero abandonó la universidad, así que probablemente me cambien a otra habitación.

—¿De veras? —me dijo—. Yo voy a necesitar un compañero el
próximo semestre porque el mío se mudará a otra residencia.

Cuando llegamos al tercer piso, me volteé para despedirme y
él salió conmigo. Continuamos hablando mientras me seguía a mi
habitación semivacía, ya eran las nueve de la noche.

No puedo contarte mucho de nuestra conversación, pero parecía que un tema llevara a otro. Cuando salió el sol al día siguiente,
todavía estábamos hablando. En algún momento durante esas horas que pasamos juntos decidimos que seríamos compañeros de

habitación. Lo fuimos por dos años y nos volvimos muy unidos, como hermanos de vida.

Antes de esa noche en el ascensor, solía ver a Darrell desde mi patio porque él salía con Karen Lee, cuyo patio daba al nuestro.

Luego de volvernos compañeros de cuarto, Karen me presentó a su gran amiga Eva Pentecost. Ambas eran músicos, Karen tocaba el órgano y Eva, el piano. Tocaban en el servicio del domingo en la noche en la Iglesia Bautista Barksdale, una pequeña iglesia en Bossier City.

Los fines de semana, cuando conducíamos las cinco horas desde Baton Rouge hasta nuestra ciudad, Darrell y yo íbamos a nuestra iglesia por la mañana, y por las noches íbamos a la iglesia Barksdale, para que él viera a Karen.

Del otro lado de la plataforma, Eva Pentecost tocaba el piano. Esa fue la primera vez que le presté atención de verdad. Dos años después, el 30 de diciembre de 1972, Karen y Darrell se casaron en Barksdale y Eva y yo asistimos a su fiesta de casamiento.

Casi exactamente un año después, el 29 de diciembre de 1973, Eva y yo nos convertimos en marido y mujer. Karen y Darrell estaban muy contentos de devolvernos el favor y asistir a nuestra boda.

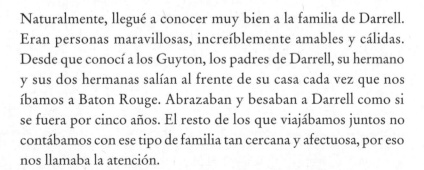

Naturalmente, llegué a conocer muy bien a la familia de Darrell. Eran personas maravillosas, increíblemente amables y cálidas. Desde que conocí a los Guyton, los padres de Darrell, su hermano y sus dos hermanas salían al frente de su casa cada vez que nos íbamos a Baton Rouge. Abrazaban y besaban a Darrell como si se fuera por cinco años. El resto de los que viajábamos juntos no contábamos con ese tipo de familia tan cercana y afectuosa, por eso nos llamaba la atención.

No podía leer la mente de los otros chicos que esperábamos en el auto a que Darrell terminara con los abrazos, pero sospecho que sus pensamientos serían algo así como: *¿Viste eso? Mi familia nunca hace eso. Esta gente realmente se quiere y lo demuestra. No les importa que lo sepan.* Supongo que en el fondo sentirían un poco de envidia, como yo.

Muchas veces, lo comparaba con mi propia familia. Cuando era pequeño, mi papá me daba un beso de buenas noches. Él era militar y tenía que irse a la guerra muy seguido. Me escribía cartas y las firmaba: «Con amor, papá». Cuando crecí, papá ya no me abrazaba ni me besaba, no disfrutábamos de esas demostraciones de afecto como las que veía entre Darrell, un muchacho de casi 6.4 pies y doscientas libras (casi dos metros de estatura y noventa kilos), y su padre, un hombre calvo, de pecho fuerte y doscientas cincuenta libras (unos ciento trece kilos). Sin embargo, cuando mi padre envejeció, él y yo nos volvimos muy afectuosos. Valoro mucho esos recuerdos.

Mis primeros días en la universidad emocionalmente fueron muy difíciles para mí. Perdí todo ese afecto e influencias positivas que había sentido en la iglesia. Visité muchas iglesias en Baton Rouge, intenté involucrarme, pero no funcionó. Vivía solo en la residencia y motivarme a mí mismo para ir solo a la iglesia no siempre me funcionaba.

Además, estar lejos en la universidad era algo nuevo para mí. Nadie en mi familia había ido a la universidad. No había ninguno que me aconsejara: «Haz esto, no hagas aquello, fija tus prioridades». Estaba solo y no estaba pasándola bien.

Comencé a beber y experimenté con drogas. Con mi pasado de sobreprotección y mi poca profundidad espiritual, me faltaba disciplina y no era muy responsable.

Ese comportamiento cambió luego de que Darrell y yo nos encontráramos en ese ascensor. Él se convirtió en mi gran amigo y confidente, mi consejero moral. En lugar de condenarme o decirme que estaba haciendo algo mal, me preguntaba: «¿Estás seguro de que deberías hacer eso? Tal vez necesites reconsiderar tu decisión». También a veces decía: «¿Por qué mejor no hacemos esto otro?».

Constantemente él encontraba actividades sanas para realizar y le estoy más agradecido de lo que pueda poner en palabras. Nunca dudé que fue Dios el que puso a Darrell Guyton ese día en el ascensor del Graham Hall.

Después de la muerte de su padre, Darrell, como hijo mayor, tuvo que cargar con mucha responsabilidad. Sentía que necesitaba ser el hombre de la casa y ayudar a tomar decisiones, nunca los decepcionó, se encargaba muy bien de todo. Él seguía dolido por lo de su padre, pero lo sufría por dentro.

Darrell no solo se convirtió en mi apoyo y aliento, sino que también terminó siendo mi mejor amigo. Hoy en día sigue siendo uno de mis amigos más cercanos. Si lo llamara en este preciso momento, sé que él me diría: «¿Cuándo y dónde nos encontramos?».

Cuando miro hacia atrás, me doy cuenta de que nos necesitábamos mutuamente. Darrell había perdido a su papá, que era su mejor amigo. Necesitaba un confidente, alguien que lo escuchara. Fue un privilegio estar allí para ayudar a secar sus lágrimas emocionales, aunque las lágrimas reales fueran pocas. Aprendí a ser bueno escuchando, debo admitir que escuchaba más que nada porque no sabía qué decir.

———— ❧ ————

La madre de Darrell, Sue Belle McRea Guyton, obviamente amaba a sus hijos, muchísimo. Ella estaba en todo, no solo en la puerta donde se abrazaban. En cualquier lugar donde los viera, sus cuatro hijos eran lo más importante para ella. Después de que el señor Guyton falleciera en ese accidente, ella fue la responsable de sus hijos y Darrell estaba en la universidad. Nunca supe cómo pudieron acomodarse económicamente, pero lo hicieron.

Me encantaba ir a su casa y encontrar excusas para quedarme más tiempo. Me decía a mí mismo que era porque la señora Guyton era muy buena cocinera, que por cierto era verdad. La comida era su profesión. Siempre estaba cocinando algo delicioso, pero además de eso, ella me quería mucho, sin lugar a dudas.

A los diecinueve años, todo el tiempo estaba hambriento y pasaba mucho tiempo allí. Sin importar cuánto comiera en casa, siempre tenía espacio para lo que Sue Guyton me ofreciera.

—¡Qué rico olor hay aquí! —era mi reacción siempre, y aparentemente funcionaba.

—¿Quieres un poco?

Naturalmente, los primeros días dudaba y respondía:

—Bueno, sí, señora, si alcanza. No quiero molestar…

—Oh, no, hay mucho. Ven, siéntate —siempre tenía suficiente.

Cada vez que iba me sentaba a su mesa, me deleitaba con sus sabrosos mejunjes y también hablaba de temas que me preocupaban.

Ella siempre me escuchaba. Le contaba lo que estaba haciendo o lo que había hecho, por supuesto omitiendo todo aquello que no debería haber hecho. De alguna forma, ella lo sabía, era muy intuitiva. Sin embargo, nunca sentí que me mirara mal o me juzgara.

Era una persona llena de ánimo y sabiduría, siempre entre sonrisas y con bondad me decía cuándo estaba haciendo algo malo, sin juzgar y sin regodearse de poseer todas las respuestas. De una forma muy amorosa, ella me señalaba las decisiones correctas y lo que debía hacer, pero nunca me hacía sentir que iba a fastidiarme con eso. Quizá por la muerte de su amado esposo y al estar rodeada

de niños de primaria todo el día, disfrutaba tomar un café y hablar
con semiadultos como Darrell y su compañero, Don.

Nunca había conocido a nadie como Sue Belle Guyton. Era
fácil ver por qué Darrell era tan encantador y sabio: lo había aprendido de ella.

Yo solía decirles a algunos amigos: «Cuando los Guyton te aman,
realmente entiendes lo que es ser amado. Ellos sí que saben amar».

Un día conduje hasta su casa para recoger a Darrell, pero él había
salido y todavía no había regresado. Sue abrió la puerta y se dis-
culpó por Darrell.

—No sé dónde estará. Nunca llega tan tarde.

Eso era verdad, era una persona muy puntual.

—Está bien —le dije—. No tenemos prisa, llegaremos bien.

Eso también era verdad. Para ser sincero, había ido un poco
más temprano para verla a ella y, sí, para ver qué estaba cocinando.

—Pasa, siéntate —me dijo—. Tengo unos *brownies* en el horno.

—Sí, señora, ya puedo olerlos. Gracias.

Al rato, puso tres o cuatro *brownies* en un plato y yo intenté
no zampármelos todos de un bocado.

Mientras conversábamos la noté diferente, no estaba tan alegre
como siempre. No la había visto así desde la muerte de Marlyn, y
no sabía qué era lo que estaba sucediendo. En ese momento yo era
un muchacho ingenuo de veinte años y no pensaba en lo difícil que
había sido para ella criar sola a los cuatro niños. Sabía que seguramente era duro, pero yo no tenía forma de entenderlo.

Se sentó frente a mí en la sala de estar y masticaba su *brownie*
lentamente. Finalmente, me sonrió y me dijo:

—Le agradezco a Dios que te haya puesto en la vida de Dee
—así le decía ella a Darrell y yo comencé a llamarlo así cuando

nos hicimos más amigos—. Has sido un gran amigo para él. No sé cómo hubiese lidiado con la universidad sin ti.

—Sí, señora. Dee es un chico fuerte e inteligente. Le va a ir bien en cualquier lugar que la vida lo lleve. Yo no podría habérmelas arreglado sin él, Dee es el mejor amigo que tengo.

Sus ojos se pusieron llorosos y pensé que se pondría a llorar, pero no.

—Seguro sabes que Darrell y su papá eran unidos. Muy unidos.

—Sí, lo sé.

De inmediato mi mente recordó el festival de abrazos y besos que veía en la entrada, a pocos metros de donde estábamos comiendo los *brownies*. En ese momento, Dee apareció por la puerta.

—Uh, perdón por llegar tarde. Estoy contigo en unos minutos —y fue corriendo hacia su habitación.

—No te preocupes —le grité—. No importa si llegamos tarde. Además, tengo un gran trabajo que hacer aquí con los *brownies*.

Cuando él estuvo fuera de nuestra vista, la señora Guyton me dijo:

—Sabes, Marlyn y Darrell se querían mucho.

—Sí, Dee habla mucho de su papá. Lo extraña mucho y no puedo ni imaginar lo que la pérdida del señor Guyton significa para todos ustedes.

Mientras pronunciaba esas palabras, me di cuenta de lo vacías que habían sonado. Lo que me sucedía es que no podía entender cómo hacían para seguir viviendo los que no tenían a Cristo y la esperanza de la vida eterna sin saber que sus seres amados estaban a salvo en los brazos de Jesús.

Las palabras de Sue interrumpieron mi profunda reflexión.

—Dee lleva mucha carga en sus hombros, sabes, y yo cuento con él. Karen cuenta con él —en ese momento él estaba pensando en pedirle matrimonio. Ella aclaró la garganta—. Siento que un día ellos van a casarse. Sus hermanos y hermanas lo admiran. ¿Sabías que cambió su carrera en la universidad?

Eso no lo sabía. Sabía que había comenzado la carrera de arquitectura en la LSU, que era una de las más difíciles, eran cinco años de trabajar noche y día en la construcción de proyectos de edificios para obtener el título intermedio. Pero se había cambiado a la carrera de educación, en la que eran solo cuatro años de estudio.

—Estoy un poco preocupada por él —ella bajó la mirada hacia sus manos—. Sé que debe haber estado devastado con la muerte repentina de su papá. Eran tan unidos. Tú y Dee se están convirtiendo en jóvenes maravillosos.

Le sonreí, entendiendo que quería decirme algo más.

Ella me miró.

—Casi no vi a Dee expresar sus sentimientos después de la muerte de su papá. ¿Sabes?, no puede dejar todo eso guardado. Lo va a consumir.

—Lo sé, señora.

Ella puso su mano sobre mí.

—No tienes que contestar esto, si no te sientes cómodo, y no te pido que me cuentes ningún secreto, ni que traiciones su confianza. Luego de la muerte de su padre, ¿has visto a Dee expresar algún sentimiento o alguna emoción?

Mientras estaba formulando la pregunta, me puse a pensar en las veces en que Dee se puso muy sentimental después de recibir un llamado de su casa. Intentaba irme de la habitación para darle más privacidad, pero a veces no llegaba a irme tan rápido. En esos momentos él se quebraba y hablaba del camino doloroso que había tomado su vida. No puedo decir que estaba muy equipado para ayudarlo, pero estaba allí para escucharlo, para alentarlo, para darle espacio si lo necesitaba, para dejarlo solo un rato, o para darle un gran abrazo, lo que debería haber sido un poco más cómodo.

Mi corazón estaba con él en esos días que volvíamos de un fin de semana en Bossier o cuando recibía una llamada de Sue o de

Karen. A veces, cuando se apagaban las luces de nuestro cuarto, sentía sus lágrimas caer desde el otro lado de la habitación.

Las palabras dulces de la señora Guyton me regresaron de mis pensamientos y mi *brownie*.

—No tienes que decime nada. Solo dime si sientes que está intentando superarlo emocionalmente. Solo asiente con la cabeza —me dijo con seriedad, nunca la había escuchado hablar así.

Apenas terminó de decir eso comenzó a lloriquear. Parecía una amalgama de sonrisas y lágrimas al mismo tiempo. Debía intuir que en cualquier momento Dee entraría de golpe y vería sus emociones encontradas (Dee siempre entraba de golpe).

No estaba en un dilema entre mantener la privacidad de Dee o tranquilizar a su mamá. Eso nunca fue un problema para mí. Me sentí enredado en lo increíblemente complicada que puede ser la vida. Aquí estaba el amor de una madre por su hijo en todo su esplendor y, en privado, había visto el amor de un hijo por su padre. Ambos eran conmovedores y completamente sinceros. Ella necesitaba saber de alguien que conociera y amara a Dee y mantuviera su confianza. Sentí que ella necesitaba saber que, a su manera, él intentaba superar la muerte de su padre y ser el hombre que su padre hubiese querido que fuera.

Miré los dulces ojos de Sue Guyton y asentí. Esa fue mi forma de decir: «Sí, tu hijo está expresando las emociones más profundas que le causan la muerte de Marlyn lo mejor que puede». Creo que ella sabía que si yo sentía que Dee la necesitaba a ella o a alguien que lo ayudara en esos momentos, estaríamos allí para él.

Ella sonrió, aunque no dije ni una palabra. Eso es todo lo que necesitaba oír.

Con prisa, se secó las lágrimas y me dijo una de las verdades más sabias que he oído:

—Mi Marlyn era el hombre más fuerte que haya conocido. Físicamente y en todo sentido. Era tan fuerte como para partir una guía telefónica a la mitad, pero su poder interior era mucho más fuerte e interesante. Muchas veces lloraba por esos niños del autobús, porque sus padres no los dejaban subir para ir a la iglesia. Lo vi llorar por esos padres que les quitaban a sus hijos la oportunidad de conocer a Jesús. Lo vi llorar por sus propios hijos mientras decía cuánto los amaba y cuánto me amaba. Nunca tuvo vergüenza de decirme lo que sentía, lo bendecido que era.

Sin saber qué responder, volví a asentir.

—Ahora miro hacia atrás, Don, y le agradezco a Dios por darme un hombre tan fuerte y cariñoso. Siempre supe sus sentimientos más profundos por todo y siempre vi las lágrimas de mi esposo como las de un hombre fuerte.

Ella tomó mi mano.

—Nunca te amedrentes de expresar tus sentimientos. No te guardes las cuestiones importantes. Las lágrimas muestran lo mucho que te importa algo. No tengas miedo.

No sé bien qué respondí. Recuerdo que entendí que ella veía a su esposo como un hombre fuerte de Dios, y sí que lo era. También recuerdo que pensé: *Esta es una fuerte mujer de Dios.*

Con el pañuelo en su falda y sus manos entrelazadas, dijo en un tono muy bajo:

—Gracias por ser un buen amigo para mi hijo.

Entendí perfectamente que había sido parte de un momento de enseñanza en el que me habían regalado una gran verdad. Después de eso, hubo muchos momentos en los que Sue Guyton me brindó otras grandes verdades. Me sorprendía que después de esa pérdida tan cruel y esa desilusión tan dolorosa siguiera aconsejándome, ella nunca me falló.

Durante años luché con mucho de mis diversos sentimientos. En los peores momentos, volvía a ese día en la casa los Guyton, los *brownies* en el plato sobre la mesita de la sala, la sonrisa de mamá Guyton y su asombroso consejo.

—Si mi Jesús lloró en la tumba de su amigo Lázaro, entonces está bien que tú y Dee derramen lágrimas de hombres fuertes.

En ese momento se abrió la puerta de Dee y gritó:

—¡Ya voy!

Ese fue el final de la conversación, pero no fue la última vez que ella me habló con esas palabras tan sabias. Muchas, muchas veces me sinceraba con ella porque sabía que no se reiría y que me respondería sinceramente.

Por ejemplo, me enamoré de Eva y sabía que quería casarme con ella. Sue Belle fue una de las primeras personas a las que le conté la noticia.

—Quiero saber cómo es estar casado. ¿Cómo podemos mantenernos juntos y aprovechar al máximo nuestras vidas?

Lo repito, ella nunca me falló. La mayoría de sus consejos no eran complicados, eran muy prácticos. Ya sea con decisiones acerca de mi llamado o cuando nos convertimos en padres, ella siempre se alegraba y me brindaba su apoyo.

Una vez le pregunté cómo superar los desacuerdos en el matrimonio, porque Eva y yo estábamos pasando por un momento de discusiones. Ella sonrió y dijo:

—No te preocupes mucho por eso. Si no discuten, entonces es porque no se aman tanto.

Me veía confundido, según lo que sucedía y para la Escuela de Teología de Guyton, ¡Eva y yo nos amábamos mucho!

—Lo importante no son las discusiones, es cómo trates de resolverlas. En tu boda, el pastor dijo: «Lo que Dios ha unido, que no lo separe el hombre». Eso significa que los dos tienen la obligación solemne de resolver las cuestiones. Si Dios es el pegamento que los une, incluso aunque no estén llevándose bien, sigues estando unido a ella por su fe mutua en Dios. Él completa ese triángulo.

—Pero usted y el señor Guyton nunca tuvieron discusiones, ¿no?

Ella tiró su cabeza hacia atrás y se rió.

—No estás hablando en serio, ¿verdad? ¡Por supuesto que las teníamos! Solo que intentábamos no discutir frente a los niños, especialmente cuando crecieron —hizo una pausa—. Cuando discutes, y créeme que lo harás, que sea justo. No traigas los fracasos o errores del pasado. Enfócate en lo que puedes solucionar y hazlo. Siempre ten presente que habrá algo en lo que no estarán de acuerdo. Si deben ponerse de acuerdo para disentir, háganlo y sigan adelante. De verdad. No cierren el círculo y vuelvan a eso. Si lo hacen, es porque no han acordado que está bien que piensen distinto.

Mientras ella decía qué no hacer, yo iba marcando casilleros en mi cabeza. Pensaba: *No me va muy bien es esto de las discusiones.*

Probablemente el mejor consejo que recibí fue específico para Eva y para mí. En esos días, Eva estaba lo que llamaríamos «muy nerviosa» (tenía un carácter fuerte y no entendía por qué yo no). Ella pensaba que si yo no gritaba ni tiraba cosas, era porque no me importaba. Pero yo prefería hablar, y ella tomaba eso como falta de interés.

En ese punto podía estar un poco en lo correcto. Necesitaba aprender a estar más comprometido, reaccionar más, incluso si eso significaba levantar la voz. Ella tenía que entender que su irritabilidad y su enojo no me motivaban, solo hacían que me alejara.

A eso se refería Sue con comunicación clara y discusiones justas. Cuando Eva y yo comenzamos a ejercitar eso, hicimos un gran progreso y resolvimos las diferencias. Hasta en algunos casos estuvimos de acuerdo en disentir.

—Lo mejor de una discusión —sonrió—, es reconciliarse.

Después de que Darrell y Karen se casaron, les dije a todos los que nos conocían:

—Me cambió por una mejor compañera de cuarto.

—Una más bonita —dijo alguien.

Después de graduarme de la LSU y trabajar en el área de las comunicaciones por unos años, respondí al llamado al ministerio y fui a un seminario en Nueva Orleans. Por ese tiempo no vi mucho a Darrell, ni a los Guyton.

En esos años siempre me acordaba de Sue Guyton. La fe tan profunda de ella produjo un gran efecto en mí. Sin importar lo que pasara, nunca flaqueaba. Su esposo había muerto y ella cargó con la responsabilidad de mantener a cuatro niños con el salario de una nutricionista. Nunca la escuché pronunciar la frase «Pobre de mí», o algo que mostrara lástima. Ella podía ver la mano amorosa de Dios en todo lo que había ocurrido, de una forma que iba mucho más allá de mi madurez. Como siempre estaba dispuesta a ayudar a los demás, Sue fue la responsable de fundar un ministerio de adultos solteros en la Primera Iglesia Bautista.

La vida había sido un desafío para ella y no se amilanaba de hablar de sus problemas. Una vez me dijo:

—Estoy pasando un momento difícil, Don, pero la paz de Dios me llena el corazón. Todos los días oro por mis hijos y por ti. Estoy aquí para lo que necesites.

¿Qué veía en mí? No lo sé, pero creo que era mi necesidad, mi deseo de guía emocional y apoyo, y que siempre buscaba aprender. Sin importar mis circunstancias, y eso que yo le abría mi corazón, su respuesta siempre era práctica, recordándome que Jesús me amaba como la amaba a ella y a su familia. Sus palabras eran tan sinceras, que nunca dudé de lo que me decía.

En marzo de 1982, recibí una llamada de Karen.

—Es mamá Guyton —dijo.

Lentamente relató la historia. A los cincuenta y cinco años, Sue Belle McRea Guyton estaba en coma en el Centro Médico de Bossier City, a menos de diez cuadras de esa entrada en la calle Lincoln donde habían protagonizado los abrazos y los besos. Había contraído encefalitis viral en la escuela.

Devastado, como si estuviese perdiendo a mi propia madre, oré por Karen, Darrell y sus hermanos. Aunque el pronóstico era negativo, le pedimos a Dios que, si era su voluntad, le salvara la vida a esta mujer piadosa.

Cuatro días después de su cumpleaños número cincuenta y cinco, Sue Guyton partió con el Señor. Sin duda, en las puertas la recibió el grande y fuerte Marlyn. Sé por mi propia experiencia que no hubo lágrimas, solo una alegría gloriosa.

En su funeral no pude contener las lágrimas. De todas las personas que conocí, solo ella entendería de dónde venían esas lágrimas. Indudablemente ella fue una de las personas más valientes, fieles y sabias que he tenido el placer de conocer en esta tierra.

El día que morí, Sue Belle Guyton estaba junto con los demás en la entrada. Ella sonrió dulcemente, me abrazó y estuvo a mi lado mientras caminábamos hacia la entrada. Ese día hubo abrazos y besos en «el frente de la casa de Dios». Cuando llegué al cielo, Sue estaba con los brazos extendidos para abrazarme. No lucía su uniforme blanco almidonado de nutricionista haciendo juego con sus zapatos blancos, como solía ver cuando visitaba su casa. Como todos los demás, brillaba vestida de blanco.

Sue, más que cualquiera que haya conocido en esa etapa de mi vida, dejó claro que era Jesús el que la acompañaba en su pérdida y en su soledad. Si ella alguna vez dudó, nunca se le notó.

Sue Belle Guyton me enseñó mucho de la vida.

Era una mujer muy astuta y compasiva. Incontables veces en su casa fluyó su consejo sabio.

Aunque no fue un instrumento para que llegara a conocer a Jesucristo, sus consejos de amor me ayudaron a seguir firme en la tierra para poder encontrarme con ella un día en el cielo.

Sue Belle me mostraba la misericordia de Dios, y yo era muy feliz no solo de conocer a Jesús sino de contar con un modelo a seguir. Eso me hacía sentir la obligación absoluta de también ser un modelo.

Capítulo 9

LA ABUELA NELLIE PIPER

Cuando llegué a la entrada del cielo, una de las primeras personas que vi fue a una de las que más amaba: la abuela Nellie Piper. Ella no solo era mi abuela, era mucho más que eso.

De niño nunca lo noté, pero la abuela Piper me preparó en silencio para que siguiera a Jesús. Aunque nuestra familia no iba a la iglesia, la abuela nos demostraba claramente que algunas de las mejores influencias de Dios no siempre están dentro del edificio de una iglesia. Ella me quería para Jesús. Siempre que pienso en la abuela Piper, pienso en las veces que me detenía a mirar sus ojos café claro. A esa edad no podía poner en palabras mis sentimientos, pero en ella veía a Jesús.

Nellie Clemens se casó con Edgar Piper y dejó la granja de su familia, al oeste de Illinois, donde había nacido. Se mudaron al sudeste de Arkansas para instalarse en Monticello, la ciudad del delta del Mississippi.

El abuelo Edgar Piper partió con el Señor en 1948, dos años antes de que yo naciera. Por los siguientes catorce años, Nellie Piper fue una viuda con diez hijos. Su hijo menor, Ralph, era mi padre. Él se fue de Arkansas en 1943 para enfrentar a Hitler y nunca volvió a vivir en su estado natal. Aunque conoció a mi madre, Billie Kulbeth, cuando ella aún estaba en la preparatoria Drew Central, de Monticello, se casaron en 1949.

Después de su boda, la profesión de mi padre en el ejército estadounidense los llevó a cruzar el océano, a Francia, a Alemania y luego de vuelta a los Estados Unidos, a Massachusetts. De allí nos mudamos a Florida, a Texas y a Luisiana. Pero sin importar en qué estado viviéramos, volvíamos a Monticello por lo menos dos veces al año. Mi papá tenía nueve hermanos y hermanas, y mi mamá una sola hermana. En esas visitas a Monticello veíamos a mi abuela, a mis bisabuelos y a nuestros primos segundos, terceros, etcétera.

Nellie Piper vivía en una casita blanca y verde con dos habitaciones en la calle North Rose en Monticello, Arkansas. Esa calle corta corría perpendicular a la calle Godbold, donde vivían Hattie y J. R. Mann, los abuelos de mi madre. Las vías del ferrocarril impedían la intersección de estas dos calles. En auto no se podía acceder de una calle a la otra, solo era posible caminando. Desde la casa de los abuelos Piper podía ver la de los bisabuelos Mann, y al revés. Hasta el día de hoy, no pude saber quién vivía en la zona más pobre. Creo que ninguno; ambas familias eran pobres en bienes materiales pero ricos en amor.

De cada visita a Monticello, lo que más recuerdo es la figura distintiva, digna y solitaria de Nellie Piper, siempre con vestidos floreados de entrecasa y su cabello recogido en un chongo firme.

La abuela Nellie sobrevivió a situaciones muy difíciles luego del fallecimiento de su marido. Y aun así, demostraba fortaleza, dignidad y serenidad en medio de la pobreza y la soledad de su pequeña casa en North Rose. Sus ojos cafés revelaban una bondad y una sabiduría que pocas veces encontré en otras personas. Con el pasar del tiempo, entendí que ella vivía las palabras del apóstol Pablo a la iglesia en Filipo: «Pues he aprendido a estar satisfecho en cualquier situación en que me encuentre» (Filipenses 4:11). Muchas veces, a lo largo de los años, cuando leía ese versículo, pensaba inmediatamente en mi abuela. Ella *vivía* ese versículo. Le encantaba decirme: «Yo hago todo lo que esté a mi alcance y le confío a Dios el resto».

Cuando nos quedábamos en su casa, algunas noches me despertaba, salía de la cama y veía a mi abuela sentada a la mesa de la cocina, con un solo foco incandescente colgando de un cable alumbrando su Biblia. Leía atentamente la Palabra de Dios con los lentes en la punta de la nariz, al estilo Benjamin Franklin. Fascinado con esa escena, muchas veces me quedaba de pie sin hacer ruido y la observaba mientras daba vuelta a las páginas tan marcadas y frágiles. Su rostro se iluminaba extasiado como si hubiese recibido una palabra especial del cielo.

Mientras permanecía allí, ella después de un rato cerraba solemnemente su Biblia de tal manera que parecía que no quería dejar de leerla. Luego la ponía a un lado, inclinaba su cabeza, unía sus manos sobre la mesa y comenzaba a hablarle a Dios.

Casi nunca escuchaba lo que decía, pero no era necesario. La suavidad de su voz me impresionaba, era como si estuviera hablando con alguien que amaba. Hasta el día de hoy, cuando pienso en mi abuela, la veo orando. Yo la observaba en silencio y podía sentir que la oración no era un deber o una obligación para ella, era una forma de vida.

Mi abuela fue ejemplo de dos grandes regalos de Dios para mí: leer la Biblia y orar en tranquilidad. Creo que ella nunca se dio cuenta de que yo la observaba en esas noches frías de invierno, pero para mí fue transformador ver cómo ella, viviendo casi en la pobreza y en soledad, buscaba la guía de Dios en oración y estudiando la Biblia.

Si cierro los ojos ahora, aún puedo verla bajo el brillo de esa pequeña luz, con la Biblia frente a ella, sus manos unidas, enfocada por completo en el Dios que la sostenía.

Gracias, abuela.

Hacíamos otros viajes a Monticello, mínimo dos veces al año está- bamos allí: para la época de Navidad y para reuniones familiares. Los primeros años de mi vida, me sorprendía al saber que Santa Claus nos encontraba sin importar dónde pasáramos la víspera de Navidad.

La casa de la abuela Piper era tan pequeña que normalmente éramos los únicos que nos quedábamos allí con ella, y el perico que tenía en la sala, al que adoraba.

Algo muy especial en las visitas a la abuela Piper era escuchar a su perico cantando todo el tiempo. Incluso de niño me llamaba la atención que siempre cantaba algo. Ese pequeño perico la hacía muy feliz. Con la vida difícil que sobrellevaba, necesitaba esa alegría.

Mi corazón de niño del campo estaba acostumbrado a todo tipo de criaturas con plumas. De niño teníamos gansos, gallinas, pollos y faisanes. Pero el ave de la abuela Piper era completamente diferente. Muchas veces me preguntaba cómo podía salir un sonido tan fuerte de un pájaro tan pequeño. Ese perico nos despertaba temprano en Navidad y parecía que cantaba con más intensidad y alegría durante estas fiestas.

Cuando mis hermanos y yo felices y ansiosos abríamos los re- galos, ya había aprendido lo que podía esperar de la abuela Piper. Todos los años era el mismo regalo: tres pañuelos blancos envuel- tos perfectamente con celofán. Pasaron muchas Navidades hasta que entendí el gran sacrificio que pudo haber sido para ella com- prar ese humilde regalo para las decenas de nietos. Ahora entiendo que el sacrificio era parte del regalo.

El otro viaje anual a Monticello era para las reuniones familia- res de los Piper. Al principio, eran en el jardín de la abuela, pero cuando creció la familia mudamos la actividad al parque de la ciu- dad. Cada año, después de una oración, el batallón Piper se aco- modaba en mesas llenas de cazuelas, pollo cocinado de todas las formas posibles, vegetales frescos de granja, postres deliciosos y té dulce, siempre té dulce. Los adultos reclamaban las sillas, así que los niños nos sentábamos sobre mantas en el suelo.

Luego del banquete, los hombres se juntaban e intercambiaban anécdotas. Las mujeres se reunían y conversaban, principalmente comenzaban: «¿Recuerdas cuando…?». Inevitablemente esos recuerdos incluían miembros de la familia que no estaban ese día, algunos por enfermedad y otros porque habían fallecido.

Aunque no me sentaba cerca de ellos, los observaba y escuchaba sus risas. Podía ver cuando hablaban de algo triste, especialmente sobre la muerte de alguien a quien amaban porque sus voces se volvían más suaves y sus rostros más serios.

Después de recordar a los que ya no estaban, muchas veces recobraban el ánimo cuando los tíos y las tías hablaban de momentos más felices y las hazañas graciosas de esos familiares.

Los niños corrían por todos lados, se revolcaban, jugaban a la ronda, a las estatuas, a las canicas, entre otros juegos. Al atardecer, los Piper reunían los platos vacíos, las mantas y los niños, y con cansancio cargaban los vehículos. Todos se abrazaban y se besaban, nosotros los niños nos caíamos de sueño. Hasta el año siguiente de las crónicas Piper.

Disfrutábamos mucho esas maravillosas reuniones de los Piper, hasta el año en que la abuela fue la que faltó. Nuestra amada abuela Nellie Piper sufría problemas del corazón y tenía diabetes. Finalmente, un derrame cerebral le quitó la vida a los setenta y tres años en 1962.

Antes de que muriera, nos llegó a Luisiana, donde vivíamos, la noticia de que la habían llevado de urgencia al hospital de Monticello. Mi papá acababa de partir hacia Corea para un periodo de servicio y la Cruz Roja le informó a bordo del barco que su madre estaba muy enferma.

Mi madre, mis tres hermanos y yo fuimos hasta Monticello e hicimos vigilia fuera de la habitación del hospital. La abuela parecía recuperarse poco a poco, por eso regresamos a Luisiana para esperar buenas noticias.

Pocos días después, una llamada interrumpió la noche en nuestro hogar en Fork Polk, Luisiana. La matriarca del clan Piper se había ido con el Señor.

Con mis doce años, intenté levantarles el ánimo a mi mamá y a mis hermanos. Mi hermano menor, Steve, apenas tenía dos años y no entendía mucho lo que sucedía. Mamá, mi hermano del medio, Alan, y yo tomamos nuestra poca ropa y nos preparamos para el triste regreso a Monticello, a mi primer funeral. Los abuelos Kulbeth fueron con nosotros. Cuando mis hermanos y yo llegamos a Arkansas, para nuestro primer funeral, nada nos podría haber preparado para lo que íbamos a ver. Durante el viaje con mamá a Monticello casi no hablamos. Sin duda, en nuestras mentes estaba la abuela Piper. Aunque tenía doce años, nunca había perdido a un ser querido.

Imagínate mi impresión cuando entramos a la casita de la abuela en North Rose para enfrentar su muerte y encontrarla allí, recostada majestuosamente en la sala, una práctica común en ese entonces. Nunca había visto el cuerpo de un muerto, mucho menos a mi abuela en un ataúd en su propia casa.

Ese primer encuentro con la muerte me traumó. Mi alma se llenó de conmoción y horror a la vez. Los tíos rondaban alrededor del ataúd y, asomándose, decían algo así como: «Mira, solo está dormida», o «No parece de verdad. Hicieron un gran trabajo, ¿no?».

Yo era joven e impresionable, pero sabía que la única respuesta honesta a esos comentarios era: «No, no, no parece de verdad. No, no hicieron un gran trabajo. Y no, no está dormida». Sin embargo, por respeto, me guardé mis pensamientos para mí, recordándome que nunca diría algo por el estilo.

En ese momento, el perico me distrajo de la tristeza. El pájaro estaba cantando de manera muy dulce, sin darse cuenta de que quedaría al cuidado de un nuevo dueño.

Ahora, para Nellie Clemens Piper, el sombrío pajarito y su aleteo habían sido reemplazados por el coro de huestes celestiales y el golpeteo santo de las alas de los ángeles. La reunión de la familia Piper en Monticello era una imitación mediocre del encuentro que seguramente tuvo la abuela cuando llegó al cielo.

No puedo ni imaginar cómo se debe haber sentido mi papá cuando el oficial lo llamó al camarote del buque militar en medio del océano Pacífico para informarle que su mamá había muerto.

Sé que le dieron la oportunidad de dejar la nave por medios aéreos para asistir al funeral, pero eso hubiese demorado el funeral unos días. Papá eligió no hacerlo, porque sabía que la familia estaría esperando y sufriendo por más tiempo. También hubiese significado extender por más tiempo su viaje a Corea.

Meses después, cuando papá regresó de Corea, nuestra familia volvió al cementerio Green Hill en las afueras de Monticello. Nunca oí a papá hablar de la muerte de su madre. Allí, la abuela estaba enterrada al lado del abuelo Edgar. Mamá, Alan, Steve y yo observamos en silencio al hijo menor de Nellie, que se arrodilló en honor a su mamá y a su papá. No era el reencuentro que había deseado, pero gracias a Dios, cuarenta años después, madre e hijo se reencontraron en las puertas del cielo.

Ese día en la sala de la casa de la abuela, lo que vi en el ataúd fue solo la cáscara de la abuela Piper. Ella murió en la tierra cuando yo tenía doce años, pero a mis treinta y ocho la volví a ver en el cielo. En las puertas de la gloria, mi abuela vino hacia mí envuelta en un vestido resplandeciente, muy distinto a la imagen que vi en ese ataúd. Su vida demostró una fe inquebrantable frente a las circunstancias difíciles. Cuando la miré a los ojos allí, vi el gozo indescriptible de estar en casa. La iluminaba una sonrisa de oreja a oreja, esa sonrisa otra vez, y me daba la bienvenida con sus brazos abiertos a nuestro hogar eternal. Había llegado allí, porque ella me había ayudado.

Ella se veía más viva y feliz de lo que nunca la había visto en mi infancia. Su cabello no estaba recogido. Solamente por las noches ella se quitaba sus hebillas y nos dejaba ver su hermosa cabellera larga, nunca a la luz del día. Verla suelta y flotando me deslumbró, parecía más joven y, aunque se veía algo distinta, *supe* que era ella.

Cuando estaba viva, parecía que llevaba muchas responsabilidades sobre sus hombros y se veía cansada, pero nunca se quejaba. Ahora estaba diferente. Su rostro brillaba de alegría, incluso esa afirmación no es suficiente para describirlo. Cada músculo del rostro estaba relajado y resplandecía como extasiado. En su vida, muchos de sus hijos y nietos se habían aprovechado de ella y eso la preocupaba. En el cielo, todas esas cargas ya no estaban, Dios las había quitado. El cementerio Green Hill está en las afueras de Monticello, Arkansas, en el Camino Rural 15. Allí permanecen los restos de Edgar y Nellie Piper, a la sombra de los viejos robles y en sus lápidas están estas palabras: «SE HA IDO A SU CASA, EL CIELO».

Esas palabras son exactamente correctas.

Capítulo 10

JOE SOCKS

Las lágrimas caían como cascadas por las mejillas avejentadas de mi abuelo, que estaba sentado en la última fila en el funeral de la abuela Piper. Nunca lo había visto llorar. Mi abuelo Joe Kulbeth, a quien llamaba papá, solía guardarse la tristeza. Sin ningún esfuerzo, comencé a llorar con él. Monticello, Arkansas, era un pueblo tan pequeño en la década de 1940, cuando se encontraron mis padres por primera vez, que todos se conocían entre sí. De hecho, mi abuelo Joe Kulbeth y mi abuela Nellie Piper se conocían incluso desde antes que mis padres. Recuerda que también vivían cruzando la vía. Si bien era mi primer funeral, era llamativo verlo llorar sin importar la razón. Para ese entonces, por supuesto, Nellie era la suegra de su hija Billie.

Después del servicio en la Iglesia Metodista Unida de Greenhill, Papá y yo fuimos a despedir el cuerpo sobre la colina, en la parcela de la familia Piper.

Como muchos de su generación, Papá había soportado la pobreza. Había sobrevivido a la Gran Depresión, había construido barcos para la marina en la Segunda Guerra Mundial y con «sangre, sudor y lágrimas» había conseguido cierto grado de honor. La noche del funeral de la abuela Piper, Donnie, su nieto de doce años, pensaba que él era la persona más «genial» que había conocido.

Sigo pensando igual.

Yo fui el único miembro de la familia con un título universitario y él estaba orgulloso de mí. Incluso después de mi educación, lo consideraba una de las personas más inteligentes que conocía, y sigo pensándolo. Muchas veces veía a mi abuelo carpintero tomar un montón de materiales de construcción y convertirlos en estructuras asombrosas. Me deslumbraba su habilidad. Deseaba crecer para ser como él.

Sigo pensándolo.

Durante la Gran Depresión, Papá Joe Kulbeth poseía una sola camisa y un único par de calcetines agujereados. Todas las noches, la abuela Bonnie lavaba y secaba esos calcetines en una salamandra para que él pudiera usarlos para trabajar al día siguiente, donde ganaba un dólar al día.

Al mediodía, los leñadores comían sus panecillos fríos, jarabe de sorgo y jamón ahumado para almorzar. Antes de comer, se quitaban las botas de trabajo para darle un descanso a sus pies. Al ver los calcetines agujereados de Joe todos los días, sus compañeros burlonamente lo apodaron Joe Socks. El apodo lo siguió hasta el día de su muerte.

Como mi papá pasaba mucho tiempo fuera por el deber del ejército, Papá se convirtió en más que un abuelo. En 1949, un año antes de que yo naciera, Joe y Bonnie se mudaron de Arkansas a Bossier City y se instalaron allí. Siempre que transferían a mi papá a un lugar donde su familia no podía ir, mamá y sus muchachos volvíamos a Bossier.

Joe Socks se convirtió en un carpintero sindicalizado. Siempre lo vi como un constructor (de edificios, de puentes, de carreteras y, posteriormente, de hombres). Cuando era niño, lo seguía como un perrito. También noté las heridas de su cuerpo debido a su trabajo tan duro, y a veces peligroso.

Hasta le faltaba algunos dedos: dos en una mano y tres en la otra. Pero créeme que nunca permitió que eso interfiriera con su trabajo.

Con el tiempo, ya era lo suficientemente grande para ayudarlo a cargar los materiales de construcción, pasarle las herramientas y, en general, intentar ser útil. Él era mi animador oficial. Debo haber sido una molestia a veces y debo haber cometido errores con las herramientas y los clavos, pero él nunca me dijo nada.

Cuando crecí, observé aspectos más profundos de la vida de Papá y noté que no sabía leer ni escribir. Muchas veces me preguntaba por qué me hacía firmar por todos los materiales y endosar sus cheques.

Como muchos otros que nacieron antes de la Gran Depresión, Joe Kulbeth había abandonado la escuela para salir a trabajar y así poder darle de comer a su familia. Papá disimulaba tan bien su analfabetismo que me asombraba lo bien que trabajaba y todo lo que había conseguido.

Papá no era ningún santo, pero sé que amaba y seguía a Jesús. Era uno de esos hombres rudos, nacido en los tiempos más difíciles del siglo veinte. Joe Socks podía ser rudo, pero era un hombre justo. No iba a la iglesia y cuando supe que era analfabeto entendí por qué. Tenía miedo de que le pidieran que orara o que leyera la Biblia en voz alta. Además, una vez dijo que no tenía ropa apropiada para ir a la iglesia, su guardarropa solo era de ropa de trabajo.

Muchas veces, observé a mi abuela y a mi mamá preparándose para la iglesia, con sombreros, guantes y tacones. Papá nos despedía cuando nos íbamos y decía:

—Oren por mí.

Nos hubiese encantado que viniese con nosotros. Creo que nunca se sintió digno de salvación o de estar en presencia de los redimidos. A pesar de eso, el amor por Dios llenaba su corazón.

Había adquirido mucho conocimiento bíblico durante su vida. Muchas veces arrancaba una frase diciendo: «El Buen Señor dice...» y daba una versión casera de alguna verdad teológica. Se sentía muy orgulloso de que Jesús también hubiera sido un constructor. No siempre pronunciaba bien las palabras, pero yo siempre entendía lo que quería decir. Más tarde, como pastor, aprendí que a veces esas son las mejores palabras de todas.

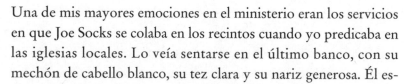

Una de mis mayores emociones en el ministerio eran los servicios en que Joe Socks se colaba en los recintos cuando yo predicaba en las iglesias locales. Lo veía sentarse en el último banco, con su mechón de cabello blanco, su tez clara y su nariz generosa. Él estaba orgulloso de mí, pero debo decir que era yo quien estaba más orgulloso de él.

Aunque Papá pocas veces expresaba algún tipo de experiencia cristiana como los otros que vi en el cielo, Dios estaba allí, dentro de él, donde no todos podían verlo. Si hubiesen observado su generosidad extraordinaria hacia los demás, su fidelidad y su humildad, hubiesen sabido que Jesús estaba en él y con él.

Al ver ese compromiso silencioso en Papá, también aprendí a ver y apreciar a muchos seguidores de Jesús que sirven en silencio y con convicción en su diario vivir. Algunas personas demuestran su fe mucho mejor de lo que pueden expresar en palabras. San Francisco de Asís lo dijo muy claro: «Predica el evangelio siempre y, si es necesario, habla». Papa era así.

En 1981, estaba en mi octavo año como ejecutivo en KSLA-TV, el canal afiliado a CBS en la zona de Shreveport-Texarkana. Eva estaba embarazada de nuestros gemelos. Nuestra hija, Nicole, la preferida de Joe Socks, tenía cinco años. Una noche, poco después de llegar a casa luego de un día largo en el canal, sonó el teléfono. Mi madre, frenética, estaba llorando.

—Ven rápido, ¡papi se está muriendo!

Conmocionado con la idea de perder a Papá, corrí hacia mi auto recién estacionado y aceleré hacia la casa de mis abuelos. Cuando entraba a la casa, me sorprendió ver a mi papá practicándole reanimación cardiopulmonar a su suegro. En ese momento, llegó una ambulancia y los paramédicos tomaron el control.

Mi mamá y mi abuela, en pijama, estaban llorando en silencio una en el hombro de la otra.

Mi papá, un hombre que siempre tomaba las riendas, me dijo:

—Sube a la ambulancia con Papá y ve al hospital.

Él se quedó con mi madre y mi abuela.

La escena era de terror, y más con mi abuelo inconsciente al lado mío en la ambulancia. Con las luces intermitentes y la sirena sonando, el conductor llegó muy rápido al Centro Médico de Bossier City. Llevaron a Papá a la sala de urgencias en una camilla y no me dejaron seguirlos, pero me dijeron que llenara el papeleo y me quedara en la sala de espera.

Pocos minutos después, nuestro médico, el doctor E. B. Robinson, salió de la habitación de Papá para informar que Joe Socks no había podido recuperarse de «un probable paro cardiorrespiratorio». El doctor parecía muy triste al anunciar la muerte de su amigo de tantos años.

Sin ser consciente de lo que hacía, comencé a consolar al médico. De repente me di cuenta de que la abuela, mamá y papá no sabían lo que estaba pasando. Caminé lentamente hacia el teléfono público que estaba en la sala de espera y llamé a la casa de Joe Socks.

—Joe Socks falleció —dije con voz débil.

Las herramientas de este carpintero ya no sonarían más y a mí se me partía el corazón. Me he fracturado los huesos del cuerpo varias veces, pero ningún dolor se compara al de un corazón roto.

Los días siguientes nos dieron la oportunidad de hacer el duelo y celebrar la vida de un carpintero de campo que había construido los hogares de algunos de los que estábamos allí. Joe Kulbeth construyó puentes en la autopista frente al cementerio donde fue enterrado. Había superado los setenta años prescritos en la Biblia en Salmos 90:10. Pero aun así, queríamos que Papá se quedara más tiempo en la tierra. Sabiendo la vida dura y exigente que había tenido, me di cuenta de que Papá estaba tan cansado, que una noche simplemente dio su último respiro y se fue a casa.

Mientras hacía el duelo, pensé algo que me trajo mucha paz: sabía que Papá estaba en el cielo, ese era su lugar. Creo sinceramente que aunque nos pueda sorprender quién esté en el cielo, a ellos no les sorprende.

Mientras lloraba en el cementerio, recordé el día que lo vi llorar. En mi mente, aún puedo ver las lágrimas que derramó en ese otro funeral veinte años antes.

～⚜～

Aunque de jóvenes mis padres confiaban en Jesús como Señor, cuando crecieron ya no era su prioridad asistir a la iglesia. Sin embargo, Papá nos enseñó que cuando hacíamos algo malo, necesitábamos reconocer nuestra falta y admitir que necesitábamos ser perdonados. También sabíamos que no debíamos volver a hacerlo.

Papá no toleraba ninguna falta de respeto hacia Jesús. Él era firme y temeroso de Dios, era un pecador salvado por gracia y defendía a aquellos que intentaban vivir una vida santa.

Papá vivió mediante dos pasajes importantes: «Háganlo todo para la gloria de Dios» (1 Corintios 10:31) y «Todo lo que te venga

a la mano, hazlo con todo empeño» (Eclesiastés 9:10). Él lo para-
fraseaba muy bien: «Debes darle a un hombre un trabajo honesto,
por un salario honesto».

Papá fue la primera persona que vi cuando llegué a las puertas
del cielo. Verlo fue como oír a Dios diciéndome: «Estabas con él
cuando dejó la tierra, ahora él está aquí para recibirte». Papá, más
que cualquier otra persona en mi vida, estableció los estándares de
seguir al Salvador y hacer bien nuestra obra en la tierra.

Cuando lo miré a los ojos, supe dónde estaba, porque sabía
dónde estaba él. Él se había ido a su hogar, a estar con el Señor y
ahora yo estaba con él.

—Bienvenido a casa, Donnie —me dijo.

Al oír eso sonreí. Luego de mi infancia, solo mis abuelos me
llamaban así. Nadie me había dicho Donnie en años.

Mientras Papá se acercaba para abrazarme, miré sus manos.
Para mi sorpresa, esos dedos que faltaban en cada mano habían
sido restaurados. En la tierra nunca había visto sus manos comple-
tas, pero cuando abrazó a su nieto mayor en el cielo pude verlas
y sentirlas. Él era perfecto, exactamente como el Señor quiere que
seamos.

De algo estoy seguro: nunca volveré a verlo llorar.

En el cielo no hay lágrimas, solo gozo constante, una alegría
inexplicable y un amor sinfín por aquellos que nos aman y por
aquellos otros santos que ni siquiera conocíamos. En el cielo, no
existen las despedidas, solo hay bienvenidas.

Cuando regrese al cielo, veré a Joe Socks otra vez.

Capítulo 11

J. R. Y HATTIE MANN

Cuando cierro los ojos, puedo ver una imagen increíble de mis bisabuelos J. R. y Hattie Mann. En esa imagen están de pie al frente de su casa despintada en la calle Godbold, en Monticello, Arkansas. El abuelo Mann tiene su brazo sobre el hombro caído de la abuela y ambos saludan dulcemente con su mano derecha.

Detrás de ellos se ve su casa antigua color café de un solo frente. El abuelo está vestido con unos pantalones almidonados color caqui, tirantes y una camisa a cuadros. Su pelo blanco como algodón está perfectamente peinado y engominado. La abuela tiene su típico vestido a cuadrillé, un delantal blanco atado en la cintura y su pelo bien rizado, que aún es más negro que gris. El sol brilla en el reflejo de sus lentes con tono dorado.

El abuelo James Robert Mann era el típico alemán serio. A veces era sembrador de tomate, a veces era un oficial y a veces un diácono bautista. Todavía puedo ver ese revólver con mango de nácar que guardaba en su funda al lado del colchón de plumas; había que tomarlo en serio. Sin embargo, era muy tierno y pasaba mucho tiempo ayudando a los niños del Hogar Bautista de Arkansas, en Monticello.

Como el mayor de sus bisnietos, yo lo adoraba. Mi madre, Billie, era su nieta mayor y yo era su hijo mayor. Solíamos pensar que nos daba un privilegio especial a nosotros. Sin duda, era muy bueno conmigo y, aunque no lo haya dicho con palabras, nunca dudé de que me amara.

El abuelo Mann tenía una camioneta destartalada en la que llevaba sus tomates al mercado. Cuando sus nietos nos reuníamos en su casa, él nos cargaba en la parte de atrás de esa camioneta y nos llevaba a desfilar por la calle Godbold. ¡Qué gran aventura!

A la abuela Mann la horrorizaba que disfrutáramos ir de paseo con el abuelo, especialmente porque la parte de atrás de la camioneta no disponía de ninguna seguridad a los costados. Más tarde lo entendimos: el abuelo era uno de los peores conductores del pueblo. Nunca nos preocupó cómo conducía, para nosotros era toda una aventura.

Sabíamos que la abuela nos amaba y se preocupaba por las habilidades del abuelo, en especial cuando estábamos con él. La abuela fue una de las personas más genuinas y buenas que conocí. Su voz era suave y su sentido del humor era encantador, producía admiración y alegría en todos los que la rodeaban. Aunque estaba muy encorvada por años de osteoporosis, ella continuaba adelante sin casi demostrar sus limitaciones. Nunca se quejaba del dolor o de las complicaciones de su enfermedad. Quejarse no estaba en su naturaleza.

Una característica que la definía era la ausencia de sus dientes. Como muchos de su generación, incluido el abuelo, había perdido los dientes de joven. El abuelo siempre estaba con su dentadura, pero la abuela rara vez la usaba. Solo la veía usar sus dientes «comprados» los domingos para ir a la iglesia. Los otros días, los dientes falsos se quedaban en un vaso con agua al lado del fregadero de la cocina, siempre «sonriéndonos».

Adorábamos a los abuelos Mann. No podríamos haber tenido ejemplos más admirables. Fueron fieles entre sí más de sesenta años, fieles a la iglesia, fieles a su familia y fieles a Dios.

Una de mis posesiones más preciadas es la gran Biblia roja de la familia Mann. Su lomo está deshilachado por los años de uso. Muchas manos del clan Mann, y las mías también, han volteado esas páginas amarillentas. Como es común en ese tipo de Biblias, hay una página de genealogía donde están escritos los nacimientos y las defunciones de generaciones de nuestra familia.

Considero que es un gran honor ser parte de esa lista. Es más, para mí es un privilegio tener antepasados tan fieles como los abuelos Mann.

❧

En 1969, cuando estaba en la universidad, la abuela Mann tuvo un derrame cerebral y murió a los pocos días, a los setenta y cinco años. Desde ese día, la luz nunca volvió a ser tan brillante en la calle Godbold. Aunque estaba devastado, el abuelo no mostró sus sentimientos a su familia luego de esa muerte.

A pesar de los intentos por involucrarlo en otras actividades familiares o viajes, poco a poco comenzó a deprimirse y a aislarse. Un derrame cerebral lo condujo al mismo hospital donde habían muerto la abuela Piper y la abuela Mann. Asombrosamente, J. R. Mann fue hospitalizado por primera vez en sus ochenta y dos años de vida.

Poco más de un año después de que muriera la abuela, el abuelo se unió al amor de su vida en el cielo.

Cuando el camión me chocó, yo también llegué a ese asombroso bulevar celestial con esa entrada de perla brillante. En ese lugar me esperaban mis dos invaluables bisabuelos, J. R. y Hattie Mann. En mi último recuerdo de ellos, eran ancianos débiles, saludándome dulcemente desde el frente de su casa en Arkansas.

En el cielo estaban radiantes, sanos y fuertes.

La expresión de dolor en el rostro del abuelo por la pérdida de su esposa ahora era una sonrisa eufórica por el reencuentro. Él brillaba de paz y satisfacción. La abuela, que había tenido esa grave enfermedad en los huesos, ahora estaba erguida, sin arrugas y rejuvenecida, era quince centímetros más alta en el cielo.

También relucían sus hermosos dientes, ¡sus propios dientes! Esa fue una de las cosas que más me sorprendió y me alegró de ella.

Cuando llegué al cielo, sus rostros se iluminaron. Fue la primera vez que vi sus verdaderas sonrisas. La emoción detrás de ese gozo celestial mostraba su gran alegría. La perfección de sus cuerpos exhibía una salud física completa y absoluta plenitud.

J. R. y Hattie se mudaron de su casa en la calle Godbold en Monticello a las calles de oro de Dios. En el cielo tenían una casa nueva con una entrada mucho mejor que la de la vieja casa venida a menos. Allí estaban ellos, dándome la bienvenida desde la entrada de la casa de Dios. Sin duda, ellos también me ayudaron a llegar.

Capítulo 12

CHARLOTTE JAYNES

Charlotte B. Jaynes era una mujer muy delgada con una sonrisa amplia. Tenía un sentido del humor muy pícaro, sin embargo, en su salón de clases era muy estricta. Poseía la fama de ser una persona que imponía disciplina, pero también era conocida por ser justa.

La señorita Jaynes no trabajaba para obtener los mismos resultados en sus estudiantes, pero esperaba que en su clase diéramos nuestro mejor esfuerzo sin importar la capacidad de hablar que tuviera cada uno.

Allí es donde la conocí mejor, en el salón de clases. Charlotte Jaynes durante años trabajó como logopeda en la preparatoria Bossier, donde asistíamos Jan Cowart, Mike Wood y yo.

No creo que Mike Wood haya tomado algún curso de esos con la señorita Jaynes, pero yo tomaba todos los cursos que ella daba, y Jan Cowart también estudiaba con ella. Era excelente en lo que hacía.

Cuando me gradué con Jan, Mike y otros 261 alumnos, casi de inmediato comencé a utilizar las lecciones que había aprendido en las clases de la señorita Jaynes. En la LSU me presenté para el puesto de musicalizador en la estación de radio del campus, la WLSU. No sé si yo era muy bueno, o estaban desesperados, pero al día siguiente ya estaba transmitiendo.

En dos años me volví el director de la radio. Más tarde comencé a conducir en la radio WLBI, en la ciudad cercana de Denham Springs y me ofrecieron una pasantía de verano en la radio KWKH en Shreveport. Cuando me gradué de la LSU, acepté un puesto de tiempo completo en una radio muy respetada, la KWKH-AM, y en la radio hermana KROK-FM, en Shreveport, cruzando el río Rojo de Bossier City. La KWKH de cincuenta kilovatios es una de las radios más antiguas de los Estados Unidos y fue el hogar del histórico programa radial *Louisiana Hayride*, que se transmitía en todo el país. Elvis Presley comenzó allí.

En la KWKH trabajaba durante el día redactando y grabando comerciales, y a veces haciendo un turno al aire los fines de semana. En la KROK, una estación con formato de cuarenta principales, conducía un programa de cuatro horas de lunes a viernes llamado *La mañana siguiente*, que comenzaba a las seis de la mañana. Hasta en esos momentos, muchísimas veces pensaba y en silencio decía: «Gracias, señorita Jaynes».

A los cinco años de graduarme de la preparatoria obtuve un puesto en la cadena televisiva asociada con la CBS llamada KS-LA-TV, Canal 12, en Shreveport. Durante casi un año trabajé en la radio KROK por las mañanas y en el KSLA-TV el resto del día. Era una rutina agotadora, pero era joven, ambicioso y trabajador.

Las clases de Charlotte Jaynes habían plantado la semilla para que yo consiguiera esos trabajos de primera. Aunque no tenía idea de cuál sería mi futuro empleo, adopté todas sus enseñanzas acerca de fraseología, inflexión, ritmo, tono y muchísimos otros componentes del discurso. Más tarde, me di cuenta de lo importante que era eso para la buena comunicación.

Charlotte Jaynes hizo algo muy importante: me influenció para que estudiara y sobresaliera en lo que hiciera. Muchas veces nos recordaba a los alumnos que la mediocridad no era un logro. Ahora, después de todos estos años, puedo decir con sinceridad que la señorita Jaynes es quien más influyó en mi éxito como conductor.

Imaginen mi sorpresa y el gran honor que sentí cuando unos años después de terminar la preparatoria ella me invitó a hablar en sus clases sobre las profesiones relacionadas con la comunicación. Cuando caminaba por los pasillos siendo estudiante nunca me hubiese imaginado que un día ella me pediría que volviese como orador invitado. En ese momento también me enteré de que me escuchaba en la radio KWKH y me veía en el canal KS-LA-TV.

No solo regresaba como el invitado de Charlotte Jaynes, también era la forma de demostrar mi gran aprecio hacia esa mujer que se preocupaba por mí. Sin duda, ella era el motivo principal por el que regresé como orador invitado.

Esa mañana mientras estaba de pie para hablar, recordé cuando estaba en esa misma aula unos años antes. Aún podía oírla dándonos órdenes desde el fondo del salón: «Acércate al atril con confianza, confía en tu mensaje».

La señorita Jaynes casi nunca se sentaba en su escritorio al frente de la clase. En lugar de eso, elegía el fondo del salón para poder escuchar nuestros discursos y criticarlos.

Cada vez que los estudiantes hablábamos, su voz gritaba desde el fondo: «Si yo no puedo escucharte desde aquí, menos lo hará tu audiencia. ¡Más fuerte!».

Otra más que apreciaba de ella, no en los años de escuela sino después, fue su gran capacidad para identificar los talentos de sus alumnos y ayudarlos a desarrollarlos.

Pocos de nosotros nos convertimos en oradores profesionales exitosos. Después de todo, para la mayoría de los alumnos esas clases eran opcionales. Sin embargo, como ella nos recordaba siempre, sin importar el empleo que eligiéramos, todos necesitábamos comunicarnos con claridad.

Los que la escuchábamos y aprendíamos nos beneficiamos mucho con sus enseñanzas y su sabiduría.

Perfeccionar mi discurso en sus clases fue muy importante para tener éxito tan pronto en mi carrera. De hecho, desde el principio me di cuenta de que la habilidad para comunicar correctamente era un componente fundamental para el llamado que seguiría durante toda mi vida: ser un predicador profesional. Eso sucedió especialmente gracias a la ayuda de Charlotte Jaynes.

En la industria de la comunicación encontré un hogar, primero como musicalizador, como locutor en los comerciales, como presentador de noticias y como actor. En 1985, decidí dedicarme al ministerio de tiempo completo y predicaba cuatro veces por semana.

Algunas cosas eran muy diferentes en los años sesenta comparadas con la segunda década de este siglo. Por ejemplo, de vez en cuando se podía cruzar la línea entre las vidas espirituales de los estudiantes y los educadores en el contexto del sistema de educación pública. En verdad, en muchas escuelas de los Estados Unidos el cuerpo docente y los alumnos están perfectamente cómodos, hasta felices, de sus creencias en común. Sin proselitismo, sin una influencia inapropiada y sin intentos de convertir al otro. Sin embargo, no podemos ser humanos si no compartimos nuestra humanidad.

Mi compañero graduado en 1986 —que también es pastor, el reverendo David Melville— y yo hace poco hablamos sobre la profesora Jaynes. Siempre es bueno tener otra perspectiva de una persona que ambos admirábamos en nuestro pasado. Me sorprendí al oír que utilizaba los mismos términos que yo para describirla. La preparatoria Bossier era una escuela pública, pero David y yo también fuimos a una universidad en el sur de Luisiana que es principalmente católica apostólica y romana. Teníamos muchos amigos de la universidad y de la preparatoria que asistieron a colegios de doctrina religiosa.

En nuestros años de preparatoria, el área de Shreveport y Bossier contaba con una escuela católica de varones, la preparatoria jesuita, y una de mujeres llamada Academia San Vicente. En 1968, la mayor parte del cuerpo docente eran sacerdotes y monjas.

Para David, la señorita Jaynes era «la monja (profesora) que nunca tuvimos». Lo dijo de una forma muy positiva. También la describió como una abuela, aunque apenas estaba a mediados de sus cuarenta cuando estudiábamos con ella, o como esa tía amorosa, seria pero muy buena.

David me dijo que hasta hoy en día le atribuye sus conocimientos en gramática. Sonreí cuando me dijo que tiene un hijo muy inteligente, educado en Harvard, que discute con él por cuestiones de gramática y siempre le da la razón, como él se la daba a la señorita Jaynes.

Al igual que yo, David la admiraba mucho no solo porque aprendimos infinitas verdades con ella acerca del habla y la escritura sino porque, además de las lecciones, sabíamos que ella se preocupaba por cada uno y nos daba grandes lecciones de vida dentro y fuera del aula.

En algunas ocasiones su fe y la práctica de la misma formaban parte de esas conversaciones. La mayoría conocíamos sus obras teatrales comunitarias fuera de la preparatoria y muchas de ellas eran con bases cristianas. Algunos estudiantes hasta íbamos a esas obras que se daban en iglesias o en lugares públicos.

Actuar me recordaba mi gratitud por las herramientas que Charlotte Jaynes me había enseñado a mí y a otros jóvenes durante su trayectoria.

En este lugar, ella me dio el pequeño papel del presidente del Tribunal Supremo en nuestra obra de 1968: *Night Must Fall* [La noche debe caer], el venerado misterio de un asesinato escrito por Emlyn Williams en 1935.

Como es el caso de muchos niños, mi primera vez frente al público como actor, por así decirlo, fue vistiendo una túnica interpretando a uno de los Reyes Magos en un desfile de Navidad en la primaria Waller. No recuerdo mucho de esos días, pero cuando la señorita Jaynes me puso en una obra «de verdad», me encantó.

Por más de seis décadas he «pisado las tablas», como decimos en teatro. Los ensayos para todas las obras, sean grandes o pequeñas, suelen ser tediosos y aburridos y, en ese tiempo, los actores tal vez necesitan repetir una escena muchas veces. Mientras tanto, el resto del elenco se sienta y espera para continuar con la siguiente escena.

En la preparatoria, en esos momentos de espera, la señorita Jaynes y yo teníamos nuestras charlas más profundas acerca de la fe. Una de ellas aún la recuerdo, esa tarde había algunos problemas técnicos que retrasaron el ensayo. Como es común en las obras escolares, en el elenco y el equipo técnico había un ambiente de pánico, ya que faltaban pocos días para el estreno.

La señorita Jaynes estaba nerviosa y casi no podía ocultar su frustración. Yo estaba sentado cerca de ella en una butaca del auditorio con el resto del elenco que no estábamos en la escena que se estaba ensayando.

Cuando nos dijeron que habría otro retraso mientras el equipo técnico trabajaba en las luces, ella cubrió su cabeza con el papel del guion casi un minuto y luego miró directamente hacia mí, el presidente del Tribunal Supremo de la obra. Su gesto poco a poco se convirtió en una sonrisa mientras observaba a ese muchacho de diecisiete años con una peluca inglesa antigua llena de polvo.

Ella tomó del asiento que estaba a su lado lo que estaba tejiendo. Además de sus famosos pasatiempos de cocinar y leer, también era una gran tejedora. Nuestra directora comenzó a tejer de manera enérgica como para calmar su desesperación.

Aparentemente de la nada, hizo una pausa y miró por encima de las gafas de carey que usaba siempre y me preguntó:

—¿Ya estás bautizado?

—Sí. ¿Recuerda que le conté? Fue en mayo.

—Ah, ahora lo recuerdo. Estoy muy orgullosa de ti y por ti. Convertirse en cristiano es lo más importante que un joven puede hacer —hizo una pausa y agregó—: en esta etapa de tu vida, que estás por graduarte e ir a la universidad, es importante que estés bien firme en tu fe. Más que nunca van a venir tentaciones.

Sentado en el auditorio de la preparatoria, donde había hablado tantas veces desde el escenario, de repente tomé conciencia de que nunca olvidaría esas palabras acerca de mi salvación.

Hablábamos de Jesús en los momentos de tranquilidad en los pasillos. Lo hacíamos entre clases y después cuando me quedaba para los encuentros del Club de Teatro (era el vicepresidente del club y Charlotte Jaynes era nuestra tutora). Ya que comenzaba la cuenta regresiva para terminar la preparatoria y en pocas semanas sería nuestra última obra, supongo que ella sintió la libertad de hablar de ese tema central de mi vida, mi fe.

Era como si ella supiera que, como había llegado a Cristo más tarde que la mayoría de los adolescentes de mi iglesia, necesitaba que me alentaran más. Ella sabía que conocer a Jesús antes de graduarme sería el factor fundamental para lograr terminar la universidad sin desviarme.

El final de la década de los sesenta fue un tiempo difícil en la historia de los Estados Unidos. La época de la guerra de Vietnam. El consumo descontrolado de drogas. La contracultura del *rock and roll*. El amor libre. Los asesinatos. Sobre todo, éramos la generación de Woodstock, la del «enciende, sintoniza, abandona».

La señorita Jaynes intuyó muy bien lo que yo iba a tener que enfrentar. Confieso sinceramente que sin esos primeros fundamentos de mi fe en Cristo, me hubiera desmoronado en cuestión de semanas bajo el ataque de las tentaciones que ofrecía la universidad.

Y sí fallé.

A veces en mi habitación en la noche lloraba pidiendo perdón por haber caído ante esas tentaciones. Deseaba guía y paz. En esas horas oscuras, recordaba el rostro de mi pastor, Damon Vaughn, y de mis amigos cristianos. A veces me concentraba en mi profesor de estudio bíblico en la Primera Bautista, Joe Cobb, y en mi pastor de jóvenes, Tom Cole. Y en Charlotte Jaynes. Siempre estaba la señorita Jaynes, a quien le debía mucho.

Ella me había enseñado a comunicarme con efectividad. Algo muy importante que guardaba en mi corazón era que un discurso «comienza en el momento que dejas tu asiento. Incluso antes de decir la primera palabra, la audiencia ya comenzó a formar una opinión de ti». Aún puedo verla mirando hacia mí cuando decía esas palabras.

Pero eso no es todo. También me enseñó a organizar mis pensamientos y presentarlos con claridad, cohesión y convicción.

Incluso en ese entonces, era obvio que la señorita Jaynes se tomaba muy en serio su fe, no de manera grandilocuente, sino de forma tranquila y confiada. Su testimonio me impactaba mucho porque sabía que era genuina, que venía de un corazón que quería cuidarme. Aunque no lo podía expresar como adolescente, más tarde me di cuenta de que había estado en presencia de la grandeza, esa grandeza que Dios premia. Como educadora de jóvenes, ella era el ejemplo vivo de una seguidora fiel de Jesús.

La mayoría de nosotros contó con maestras que marcaron su vida, y yo soy afortunado de tener más de una. Aun así, puedo decir honestamente que pocas me han ayudado tanto como la señorita Jaynes en ser quien soy. La forma constante en la que ella seguía a Jesús sentó mis bases y mis valores.

Pocos educadores eran tan queridos como Charlotte Jaynes en la escuela Bossier, porque pocos habían impactado directamente en la vida de tantos estudiantes como ella.

No puedo evitar preguntarme qué calificación me daría ella por lo que acabo de escribir hasta este capítulo. Sin duda, no le gustaría el contenido porque habla acerca de ella, nunca le gustó el reconocimiento público, sin importar cuánto lo mereciera.

Es un poco tarde, pero aquí lo hago público.

En febrero de 1983, la señorita Jaynes y tres de sus amigas más cercanas viajaban en auto a una boda en el este de Texas y un conductor ebrio de veinte años chocó su auto, terminando con la vida de las cuatro mujeres. El día que recibí la noticia fue un día muy triste para mí.

En la misma funeraria donde estuvo Mike Wood, Rose-Neath, los asientos estaban todos ocupados, la gente de pie contra las paredes y el vestíbulo lleno. Quienes lo dirigían calcularon que ese día había al menos cuatrocientas personas reunidas para llorar la muerte de Charlotte Jaynes.

En el mensaje en su memoria, el pastor de su amada Primera Iglesia Presbiteriana de Bossier City dijo que Charlotte Jaynes mostró siempre la misma dedicación tanto en su caminar cristiano como en las escuelas parroquiales de Bossier.

—Ella influenció miles de vidas, de la forma más significativa posible. —Sin duda había influido en la mía—. Dios se la llevó en un abrir y cerrar de ojos —dijo citando la frase de 1 Corintios 15:52.

Años más tarde, ese sería mi propio testimonio. Una última respiración aquí y la siguiente allá.

—Dios la ha llamado a casa. —Y el pastor terminó el homenaje diciendo—: Estamos agradecidos por su vida y por su fe.

Gracias Señor, yo también estoy agradecido.

Afuera de la sala del velatorio, el superintendente de las escuelas parroquiales de Bossier, Jap Gullatt, dijo:

—Era una maestra con verdadera vocación y dedicaba su vida a sus alumnos. Su muerte es una gran pérdida para el sistema educativo.

Un antiguo alumno de ella, Kent Seabaugh, que en ese momento era el director de la escuela primaria Waller, expresó:

—Era una amiga para los maestros y para los alumnos. Ella no solo llegaba a tu vida, la impactaba.

Además, debo decir que para todos los que la amaban, *impactaba* era la descripción apropiada.

Cuando seis años más tarde las malas maniobras de otra persona acabaron con mi vida en esa autopista del este de Texas, de inmediato me encontré en las puertas del cielo. Entre esas personas que se acercaron a mí para recibirme estaba la señorita Charlotte B. Jaynes. Ya no estábamos en un escenario, ni en un salón de clases, ni en los pasillos del colegio, ni en un ensayo. No hay ensayo para esta vida, era algo real.

Cuando llegué, Charlotte no me oyó dar un discurso, ella sabía que yo llegaría ese día y se había anticipado a mi llegada.

Qué reencuentro espléndido tuvimos el 18 de enero de 1989. Charlotte y Don juntos de nuevo. En la tierra, disfrutábamos de esa relación entre profesora y alumno, directora y actor, y exprofesora y graduado exitoso. En el cielo, esas diferencias desaparecieron y nos abrazamos como hermano y hermana en Cristo.

Antes de convertirme en cristiano, estaba muy impresionado por su fe, y después de convertido, su apoyo fue un gran sostén para mí. Su bienvenida ese día me aseguró que estaba en casa.

Si estuviera frente a ella en este instante, le diría: «A treinta y cinco años de tu partida, señorita Jaynes, sigo predicando cada semana. Sigo intentando enorgullecerla cada vez que me pongo de pie para hablar». Probablemente haría una pausa larga para secarme las lágrimas de gozo de los ojos.

«Ahora le estoy contando al mundo que usted fue un instrumento para que yo llegara al cielo. No me inició en el camino, pero me ayudó a mantenerme fiel y comprometido. Su fe me enseñó más que cualquier libro de texto. Usted me ayudó a caminar por un camino recto hacia el cielo y, gracias a usted y a los demás, yo también intento guiar al cielo a cuantas personas pueda».

Seguramente ella sonreiría y yo agregaría: «Estoy muy ansioso por ver qué calificación me puso».

Las preguntas
de todos

Capítulo 13

¿QUIÉN VERÁ A JESÚS?

Durante años la gente me ha hecho muchas preguntas acerca del cielo. La mayoría eran individuos que estaban ansiosos por una persona o una situación. Por ejemplo: me han preguntado por la cremación, el suicidio, animales, personas de otra fe. ¿Cómo impactan en el cielo esas decisiones y esas criaturas?

Ninguna de esas es una pregunta tonta, porque los que me preguntan realmente quieren saber las respuestas. Aunque a veces me he contenido para no reír, y me recuerdo a mí mismo que la persona lo está preguntando en serio.

De las interrogantes que me hacen, la mayoría se relacionan con mi experiencia en el cielo. Eso es coherente, porque la gente conecta conmigo y entiende de dónde vengo. Confían en mí y quieren mi respuesta. Me siento muy honrado con cada pregunta.

En 2006 dirigí el servicio conmemorativo de fin de año en Forest Park, una casa velatoria de The Woodlands, al norte de Houston. Allí estaban las familias que habían perdido a un ser amado durante ese año y habían asistido a los grupos de apoyo para recuperarse del dolor. Aunque muchas funerarias habían comprado *90 minutos*

en el cielo en grandes cantidades para regalar a los que perdían un ser querido, esta fue una de las pocas ocasiones en las que no parecía apropiado llevar ejemplares de mis libros para vender. Pero sí firmé muchos ejemplares esa noche.

Después de ese emotivo servicio, recibí a las familias en el vestíbulo y hablé con muchas de ellas por unos minutos. Sus historias sobre el ser amado que habían perdido aún estaban frescas en sus corazones.

—Lamento mucho su pérdida transitoria —le dije a una familia.

La esposa me miró asombrada.

—¿Transitoria? Se fue para siempre.

—Sí, pero tienes tu reservación en el cielo, ¿no? —Cuando ella asintió yo agregué—: Te vas a reunir con él. Por eso dije que es transitoria. La separación es real, pero no por mucho tiempo.

Sus ojos se llenaron de lágrimas y me abrazó.

—Necesitaba ese recordatorio.

Cada familia tenía algo diferente que decir y yo intenté responder a cada necesidad en particular. La atmósfera se llenó de lágrimas, sonrisas y alabanzas.

Sin embargo, en especial hubo una situación que me conmovió. No recuerdo el nombre de la mujer de unos treinta años, que me dijo que había perdido a su único hijo, un niño llamado Travis.[1]

—Hasta el año pasado no éramos cristianos —me dijo—. Travis y yo nos habíamos convertido un tiempo antes de… de que…

—Entiendo —le dije suavemente, comprendiendo lo doloroso que era para ella hablar de su pérdida. No puedo ponerlo en palabras, pero sentí que quería decir algo más o, al menos, necesitaba a alguien que la escuchara. Ella me contó una historia horrible de una

---

[1] Cuento esta misma historia de forma distinta en el libro *Daily Devotions Inspired by 90 Minutes in Heaven* [Diario devocional inspirado en 90 minutos en el cielo]. Nueva York: Berkeley Praise, 2016, pp. 5-9.

vida familiar disfuncional antes de ser salva, una vida de alcohol, drogas y condiciones de vida espantosas. Era tan difícil, que una noche tomó a su hijo Travis y se fue. Ellos encontraron refugio en el vestíbulo de una iglesia durante el servicio de adoración, y así fue como comenzó su nueva vida. En poco tiempo, ambos creyeron y fueron bautizados—. ¿Quieres decirme qué le sucedió a Travis?

La sonrisa en su rostro me aseguró que había hecho la pregunta correcta.

—Travis fue al cumpleaños de su amigo Justin. Estaban en la misma clase de la escuela bíblica en la iglesia. Era el primer cumpleaños al que invitaban a Travis. ¡Y hasta tenían una piscina! —Mientras continuaba la historia, se quebró varias veces, pero al final pudo terminarla—. Travis pasó un tiempo maravilloso en la fiesta, pero en especial nadando y jugando en la piscina. La policía cree que esa misma noche, más tarde, Travis se escapó de la casa y se fue a nadar.

—¿Qué pasó?

Luego rompió en llanto como si hubiese estado conteniéndolo y terminó diciendo:

—Encontraron su cuerpo a la mañana siguiente. —Cuando ella se recuperó y pudo seguir hablando dijo—: Necesito preguntarle algo.

La tensión en su rostro me hizo ver cuál era su intención. Palmeé su mano y cuidadosamente le dije:

—Obviamente sientes un gran dolor por tu pérdida. ¿Qué es lo que te preocupa? —y esperé.

Le tomó quizá treinta segundos levantar la cabeza y mirarme.

—Travis se ahogó, y era cristiano…

—Lamento mucho su separación transitoria…

Ella me miró y entendió lo que decía.

—Sí, sí, es transitoria, ¿verdad?

—Así es —le afirmé.

—Pero, pero Travis se convirtió unos meses antes de morir.

—Eso debe haber sido un gran consuelo para ti —le mencioné.

—Mi consuelo es que Travis y yo, los dos, pudimos llegar al Señor antes de…

Su voz se quebró otra vez y yo esperé hasta que pudo volver a hablar.

—Lo siento… —dije.

—Esta no es la principal razón por la que lloro. Usted mencionó a todas las personas maravillosas que lo recibieron en la entrada al cielo y la reunión gloriosa que tuvo con ellos…

—Sí, fue algo increíble.

—Mis lágrimas son porque Travis no conocía a ningún cristiano que haya muerto antes que él. Cuando lo escuchaba esta noche, se me partió el corazón al pensar que nadie estaría allí para recibirlo.

Su pensamiento me dejó sin aire. Perder a su único hijo y pensar que cuando llegó al cielo no había nadie para recibirlo. Después de todo, a mí me habían recibido esas almas queridas que me habían ayudado a llegar al cielo. En ese instante, el Espíritu Santo me habló con claridad y le dije lo que oí.

—Te aseguro que Travis no estaba solo cuando llegó al cielo.

—¿De verdad lo cree?

—Sí, completamente. Incluso aunque no hubiera amigos o parientes para recibirlo —me miró confundida—. Aunque no hubiera ningún conocido en esas puertas, el mismo Jesús fue a recibirlo. Nuestro Salvador no dejaría que Travis estuviera solo en ese lugar, porque él *conocía* a Jesús. Jesús es la razón por la que Travis está allí.

Su rostro se iluminó.

—Me preocupaba tanto que estuviera solo…

—En el cielo, nunca nadie está solo. Nunca. En ningún momento —le aseguré.

—Oh, ¡gracias! Sí, sí, eso tiene sentido. Jesús lo recibió aunque no hubiera nadie allí.

—Y si él tenía a Jesús…

—Eso es suficiente, ¿no?

—Sí, no existe nada mejor.

Capítulo 14

LOS PORQUÉS

Desde el lanzamiento de mi primer libro, han surgido miles de preguntas, la mayoría acerca del cielo. Es entendible, yo también tenía muchas preguntas sobre este tema antes de estrellarme contra ese camión. Creo que después de todo no es que tenga menos preguntas, pero estoy confiado en las respuestas que sí tengo.

Nadie me ha preguntado «por qué» más veces que yo mismo. En *90 minutos en el cielo* escribí un capítulo entero sobre esto. Me he estado preguntando a mí mismo todo eso desde que recobré la conciencia.

Aunque lo mencioné antes en el libro, por mucho tiempo busqué la respuesta para estas dos preguntas: ¿por qué Dios me hizo regresar a este mundo? Y, una vez que regresé, ¿por qué no estaba completamente sano?

Hoy, treinta años después, sigo reflexionando sobre estas preguntas. No tengo todas las respuestas y estoy seguro de que nunca las tendré en esta tierra. El libro *90 minutos en el cielo* termina con el capítulo «Los porqués», ya que tuve muchas dificultades para explicar lo que había sucedido. Ese libro se publicó casi quince años después del accidente, y han transcurrido otros quince años desde que se imprimió. Cuando escribí ese libro con mi coautor, Cec Murphey, a decir verdad tenía más preguntas que respuestas acerca de mi accidente y por qué había sobrevivido, con todo lo que eso significó para mi futuro.

Algunas de mis preguntas eran:

- ¿Por qué morí en el accidente?
- ¿Por qué tuve el privilegio único de ir al cielo?
- ¿Por qué pude dar un vistazo al cielo antes de volver?
- ¿Por qué casi muero varias veces más en el hospital?
- ¿Por qué Dios me permitió vivir con ese constante dolor desde el 18 de enero de 1989?

Desde mi perspectiva, esta es una conclusión obvia. Por decirlo así, todo el sufrimiento y el dolor son consecuencias del curso de la maldad desatada por la desobediencia de la humanidad hacia Dios. Es la lluvia que cae «sobre justos e injustos» (Mateo 5:45). *Todos* sufrimos en distintos momentos de nuestra vida, y no solo físicamente. Eso lo acepto, porque sé bien que hay un lugar llamado cielo donde voy a vivir para siempre libre de todo dolor y sufrimiento, y hasta libre de la muerte.

Pero sigo sin respuesta sobre por qué Dios me permitió ver eso para después volver. Algo que aprendí desde mi regreso es que hay personas que no van a creerme, sin importar lo que diga. Son como esas personas en los tiempos de Jesús que no reconocieron la verdad cuando Lázaro resucitó después de estar cuatro días muerto. Fueron los mismos escépticos que se negaron a ver la cantidad de muertos que resucitaron en Jerusalén cuando el Señor murió en la cruz.

Esos mismos que no creyeron que Jesús resucitó y fue visto por, al menos, quinientas personas después de su crucifixión. Pablo relata que Jesús: «… resucitó al tercer día según las Escrituras, y que se apareció a Cefas [Pedro], y luego a los doce. Después se apareció a más de quinientos hermanos a la vez… Luego se apareció a Jacobo, más tarde a todos los apóstoles» (1 Corintios 15:4-7).

Soy consciente de que algunas personas no creen que yo haya resucitado ese día en el puente luego de ver las puertas del cielo. Encuentran formas para refutar las medidas heroicas que me sostuvieron y hasta me salvaron mientras estaba en la UCI. Ellos eligen no creerme (ni ver los registros del hospital) acerca de mi cuarentena durante los largos meses que estuve internado.

No les discuto. No puedo hacer nada por ellos más que decir: «Sé lo que me sucedió. Tu incredulidad no quita la veracidad de mi experiencia». *Sé* con todo mi corazón que vi el cielo. Por eso puedo decir que es real, y de algún modo más real que la alegría y el dolor que este mundo pueda ofrecer.

En la película *La canción de Bernadette*, ganadora del premio de la Academia en 1943, una persona escéptica le pregunta a un monseñor si alguien puede creer en la sanación milagrosa. Su respuesta fue: «Para los que creen en Dios, no se necesita ninguna explicación. Para los que no, ninguna explicación será suficiente».

¿Los escépticos necesitan que compruebe mi experiencia? ¿Hay alguna forma de poder convencer a todos?

No.

Tristemente, en estos años después de mi accidente he descubierto que muchos no leen la Biblia o no creen que sea la Palabra de Dios. No puedo cambiarlos.

A veces tienen muchos prejuicios contra cualquier aspecto religioso, especialmente contra la fe cristiana. Me detengo a pensar en los escépticos en el tiempo del arca de Noé. Ninguno de sus amigos o vecinos le creyeron. Después de todo, nunca había llovido en la tierra, por lo tanto, ¿cómo podía llover por cuarenta días?

Pero a veces, y me gratifica conocer esas experiencias, los escépticos toman un libro como este, o asisten a una charla en un centro cívico, en el auditorio de una preparatoria o en una tienda. Ahí siento una gran alegría —y la obligación— de proclamar la grandiosa verdad de que se puede superar las situaciones más dolorosas de esta vida.

Sostengo mi vida en un hecho importante: anunciar el amor de Jesús como el único camino, la única verdad y la única vida (véase Juan 14:6).

No puedo explicar todo, ni siquiera ahora, pero fui al cielo y Dios me trajo de nuevo a la tierra con un propósito. Tal vez más de uno.

Muchas veces lloro al hablar con personas o al leer las cartas o correos electrónicos, o al hablar por teléfono con amigos queridos que me entienden. En varias de esas conversaciones hay palabras como estas: «Espero que ya no te preguntes por qué estás aquí. Tus libros, tu testimonio y tu película llevaron a mi esposo (mi sobrino, mi madre, mi mejor amigo) a Jesús. Ahora sé que irá al cielo. Tú traes esperanza para las personas que sufren».

Lo que más me conmueve es que me digan frases como esta: «Gracias a Dios por traerte de vuelta».

Tengo una misión y creo que por eso Dios me mantuvo en la tierra. Mi cuerpo es un desastre físico y nunca he tenido un día sin dolor, es algo constante. Pero esto no es una queja, es solo la explicación de mi situación. Mi misión es hacer todo lo que pueda para guiar a cada alma humana a Jesús.

Sigo vivo para instar y recordar a los creyentes que estamos aquí para ayudar a que todos lleguen al cielo. A veces observo a los creyentes a los ojos y les pregunto: «¿Quién estará allí gracias a ti?».

Otra respuesta a ese porqué es también que estoy aquí para dar una advertencia al mundo. Desearía poder gritar y ser escuchado por todos los seres humanos: «¡En la oscuridad hay peligro! ¡No sigas por el camino incorrecto! Da la vuelta. ¡Regresa a Jesús!».

Un día daré mi último respiro aquí, y el próximo será en el cielo.

Cuando eso suceda, estaré en presencia de aquellos que se fueron antes que yo. Ellos me encontrarán en esas puertas. Los mismos que me recibieron correrán a abrazarme otra vez. Pero esta vez, anhelo el momento en que yo sea el que esté allí recibiendo a otros, el momento en que pueda ir a abrazar a esos seres queridos a los que ayudé a llegar al cielo.

En mi corazón, ya puedo oírlos decir: «Don, ¡gracias por ayudarme a llegar!».

Tal vez no pueda responder todos los porqués, pero me basta con lo que sé hasta ahora.

Mi coautor me ha dicho varias veces que casi no se ha hecho esas preguntas. Esta es una parte de su respuesta: responder el porqué se convierte en una pregunta analítica e intelectual. Aunque Dios me diera cinco razones, eso no cambiaría nada.

Mi accidente hubiese ocurrido igual, igual hubiese ido al cielo por ese poco tiempo y hubiese regresado a la tierra en un cuerpo destrozado.

Cec dice que es más fácil y más real preguntar por los «qués»: ¿Qué he aprendido del accidente en estas tres décadas? ¿Qué me ha enseñado el hecho de ser un sobreviviente temporario?

Resulta ser lo mismo, y yo estoy más convencido que nunca de que Dios me devolvió a la tierra, incluso con mi cuerpo tan roto y destrozado, para ser testigo de su gracia y su amor.

Por favor, búsquenme en esa entrada, ¿sí? Ustedes son muchos y yo soy uno solo. Tal vez no nos encontremos *aquí*, pero deseo con todo el corazón encontrarte *allí*.

Capítulo 15

¿POR QUÉ DIOS SE LLEVÓ A MI SER QUERIDO?

Muchas personas, incluso fieles seguidores de Dios, se han sentido frustradas o enojadas con Dios por pérdidas tristes que han sufrido en esta vida. ¿Qué tan seguido he escuchado estas palabras mientras veía las lágrimas caer?

Estas son las preguntas típicas que me hacen de diferentes maneras.

- Solo era una niña. Tenía toda la vida por delante y ahora ya no está. ¿Por qué?
- Ahora que ya no está, ¿por qué yo querría seguir viviendo?
- ¿Por qué mi madre tenía que dejarme ahora?
- ¿Por qué Dios se llevó a mi hijo?

Una vez un hombre me preguntó:

—¿Por qué Dios se llevó a mi esposa? Solo llevábamos un año de casados cuando un conductor ebrio la atropelló y murió.

—¿Le gustaría que su esposa abandonara el cielo y volviera a este mundo? —le respondí.

Mientras el hombre dudaba, le dije:

133

—Es natural que la extrañes. Sería triste y extraño si no lo hicieras. Pero piensa en *ella* y en dónde está ahora. Está en un lugar mejor, un lugar perfecto.

A veces en los momentos de interrogantes, pregunto: «¿Creen que Dios ha perdido el control del mundo que Él mismo creó? ¡Él sigue reinando! Y cada uno de esos seres queridos son regalos de Dios». Realmente creo en esas palabras. Nuestros seres amados primero eran de Dios, Él nos los *prestó*. La separación dolorosa ahora no será nada comparada con la alegría que viviremos cuando nos volvamos a encontrar con ellos. Tengo una firme convicción de que en el cielo no recordaremos que fuimos separados por la muerte en la tierra. La gente en el cielo nos está esperando incluso desde ahora, no existe el tiempo allí. Por lo tanto, cuando lleguemos, literalmente no habrá transcurrido el tiempo desde que ellos llegaron. En el cielo, el encuentro con nuestros seres queridos es el comienzo de la eternidad.

Muchas veces, remarco lo que Job con su justicia ya nos ha dicho: «Pocos son los días, y muchos los problemas, que vive el hombre nacido de mujer» (Job 14:1).

¿Y quién mejor que Job para saberlo?

Santiago pregunta: «¿Qué es su vida? Ustedes son como la niebla, que aparece por un momento y luego se desvanece» (Santiago 4:14). Jesús lo deja bien claro: «En este mundo afrontarán aflicciones» (Juan 16:33). Nuestro paso por la tierra es corto, y muchas veces está marcado por el sufrimiento, el dolor, la angustia y las preocupaciones; alrededor nuestro siempre habrá problemas, dolor, pérdidas y muerte. Depende de nosotros cómo respondamos a eso. Podemos enojarnos con Dios, pero eso no lo molestará ni un poco. Él es el soberano creador del universo. Aparte, creo que Dios prefiere que nos enojemos con Él, en lugar de que lo ignoremos. Si estamos enojados, significa que existe una posibilidad de que busquemos su ayuda.

En cambio, podemos enfocar toda nuestra vida en nosotros mismos y nuestro dolor sin mirar más allá de nuestro propio sufrimiento.

A veces el dolor que sentimos es en realidad la culpa por no haber sido más expresivos o más sensibles. Pensamos en lo que deberíamos haber hecho o nos arrepentimos por lo que hicimos, pero ya es demasiado tarde. Nuestros errores humanos no nos permiten ver la gran alegría de aquellos que ahora están con Jesús.

Mi coautor perdió a su esposa, que había estado sufriendo por años. Y me dijo:

—Cuando la extraño, aunque haya muerto en 2013 todavía la extraño, me digo a mí mismo tres palabras: «No. Más. Dolor». Ella está libre y llena del gozo en el cielo. Extrañarla es una expresión de necesidad egoísta.

Pero ¿por qué no tomar esos sentimientos tan poderosos y utilizarlos para glorificar a Dios? Si sentimos la necesidad de llorar, ¿no deberíamos también llorar por las almas perdidas? Y si estamos enojados, ¿no podemos estar enojados con los pecados que destruyen la vida de tanta gente?

No quiero minimizar el dolor y la pérdida que sentimos cuando perdemos a alguien que amamos. Esas son reacciones normales y muy, muy sinceras. Está bien sentir dolor por la pérdida. Sin embargo, puedes aprender a aceptar tu dolor y también recordarte que Dios ya ha perdonado todas tus faltas para con esa persona.

Pero ¿por qué no tomas el mismo nivel de compasión y lo llevas a tu situación personal? Ora sinceramente diciendo: «Amado Dios, toma ese anhelo por mi ser querido y cámbialo para que sea un anhelo para que otros experimenten el gozo y la paz, para que disfruten de un hogar en el cielo».

Podemos tener absoluta confianza sobre dónde están las almas de aquellos que hemos perdido en Cristo. Mientras sufrimos esa separación provisoria que seguramente sentimos, también podemos celebrar la oportunidad de guiar a otros al cielo. Allí se encontrarán con sus seres amados y se regocijarán. ¡Aleluya!

Si hablamos de llorar, Jesús lloró en la tumba de Lázaro (véase Juan 11:35). La Biblia no lo dice, pero desde mi viaje al cielo, llegué a creer que Jesús expresó un gran dolor por traer a Lázaro desde el cielo, donde él ya estaba disfrutando. Jesús conocía la perfección de la vida después de la muerte. ¿No es posible que haya llorado porque Lázaro iba a tener que volver a morir para regresar a ese gozo eterno?

Después de todo, Jesús sabía lo que era dejar el cielo. Él lo había dejado para venir a la tierra.

Algunos miembros de tu comité de bienvenida pueden ser aquellos a los que has guiado en dirección al cielo.

Capítulo 16

¿QUÉ DE AQUELLOS QUE *NO* TE RECIBIERON EN EL CIELO?

A veces me preguntan por las personas que conocí en la tierra antes de morir en el accidente y que no me recibieron en las puertas del cielo. Gente que había muerto antes que yo, pero que no vi allí.

¿Creo que esas personas están en el cielo? Sin duda. Que mi bisabuela Hattie Kulbeth (la madre de Joe Socks) no me recibiera en esa entrada no significa que ella no estuviera en el cielo. Para mí, significa que la influencia de ella en mi vida no fue tan grande como la de los otros que estaban recibiéndome. Ella era una mujer muy dulce y cariñosa, no la veía con mucha frecuencia y durante el tiempo que la conocí estuvo enferma y no podía comunicarse bien. Pero amaba al Salvador y, de verdad, anhelaba ir al cielo.

Los individuos que me recibieron personalmente allí fueron los que tuvieron *un impacto espiritual directo en mi vida*. Ellos representaban a todos los que habían cruzado esas puertas. Hubo muchos otros que conocí, que amé y que admiré aquí en la tierra, pero que sus vidas no influenciaron la mía en un sentido espiritual profundo. Aunque no estuvieron en las puertas del cielo, deseo mucho verlos cuando sea el momento de regresar al cielo de manera permanente.

El sentido espiritual para mí es lo esencial. La influencia de esas personas que vi tuvo *consecuencias eternas directas en mí*. Me ayudaron a llegar al cielo con sus ejemplos, palabras, hechos y, especialmente, con sus oraciones.

Mucha gente se ha ido con Jesús desde que regresé del cielo. Muchos de ellos son tan importantes para mi llegada a Cristo como aquellos que me recibieron en 1989.

Estoy cansado de los funerales aquí en la tierra. En los últimos años he dirigido el de mi suegro y mi suegra, Eldon y Ethel Pentecost, Eldon además era miembro de la mesa directiva de Don Piper Ministries (DPM). También vi al doctor Damon Vaughn, mi padre en el ministerio, partir hacia el cielo en 2005.

Otro pastor amigo mío, R. David Terry, murió pronto en su ministerio terrenal. Mi propio padre, el sargento mayor Ralph Piper, respondió a su último llamado en 2011. Mi querido amigo David Gentiles, exmiembro de la mesa de DPM, nos dejó mucho antes de lo que hubiéramos deseado. Mi cuñada Joyce Pentecost, a quien hago referencia en *90 minutos en el cielo,* ha estado en el cielo desde hace casi veinte años. El reverendo Jay B. Perkins, el querido pastor que me remplazó después del accidente, y Fred Thompson, el actor que personificó a Jay B. en la película, ahora están con Jesús. Y mi querido amigo Sonny Steed, otro miembro de mi equipo, también ha partido hace poco.

Están aquellos que se han ido antes que yo y cuyas historias ya hemos contado, otros que se han ido desde que regresé, algunos que van a irse antes que yo (si me quedo un tiempo más) y, sin duda, otros que me seguirán después de mi muerte. Hay muchos otros amigos importantes, colegas y familiares que ahora están a salvo en los brazos de Jesús, pero se han ido después de que estuve allí hace treinta años.

Capítulo 17

¿POR QUÉ NO VISTE A JESÚS?

No tengo la respuesta para esto, pero solo puedo decir dos cosas. Primero, que no atravesé la entrada; una vez dentro *sé* que lo hubiese visto cara a cara. Pero si hubiese entrado, no creo que hubiese regresado a la tierra. Tampoco hubiera querido regresar.

Segundo, me gusta pensar en mi tiempo en el cielo como un destello, un anticipo extraño y especial de lo que vendrá. Si ves los avances de una película o de una serie de televisión, no te muestran todo, solo lo suficiente para tentarte a ver más.

Ese vistazo cambió mi vida aquí en la tierra. No vi al Señor cara a cara, eso vendrá después. Pero su presencia en el cielo era absolutamente inconfundible.

En otro lugar me referí al libro de la vida del Cordero. Muchas veces, en el libro de Apocalipsis, a Jesús se lo relaciona con el símbolo del Cordero. En los tiempos de Juan y en medio de la persecución, los extranjeros no hubiesen entendido lo que significaba este título, pero los creyentes lo entendieron.

Por ejemplo, mi referencia favorita a Jesús como el Cordero de Dios aparece en Juan 1:29. Juan el Bautista «vio a Jesús que se acercaba a él, y dijo: "¡Aquí tienen al Cordero de Dios, que quita el pecado del mundo!"».

En los tiempos bíblicos se necesitaba un sacrificio como expiación de los pecados. Si el que se arrepentía podía costearlo, el sacrificio apropiado y deseado era un cordero sin manchas. Cada año, el sumo sacerdote ofrecía un animal en sacrificio como expiación por los pecados del pueblo judío. Pero Jesús, el sacrificio perfecto, les mostró que ya no era necesario hacer ese ritual.

Él se convirtió en el Cordero de Dios, el sacrificio perfecto por nuestros pecados. Él reemplazó a todos y cada uno de los sacrificios a Dios. Solo Él puede quitar el pecado del mundo. Decir que Jesús es el Cordero de Dios habla de su sacrificio por nuestros pecados. Él pagó la deuda que no debía, ya que nosotros cargábamos con una deuda que no podíamos pagar por nuestros propios medios.

Cuando llegué al cielo, vi una luz más fuerte y más brillante que cualquiera que haya visto en la tierra, pero aun así no me cegaba. En las puertas del cielo, me inundó esa luz brillante, pura y arrolladora. Fue algo asombroso. Podía *sentirla*. Incluso ahora, cuando recuerdo esa experiencia, entiendo mejor las palabras del mismo Jesús: «Yo soy la luz del mundo. El que me sigue no andará en tinieblas, sino que tendrá la luz de la vida» (Juan 8:12).

No solo vi y sentí su presencia en la entrada del cielo, también pude ver la gran ciudad a través de la pequeña entrada que estaba en esos muros. Al final del bulevar de oro radiante y subiendo una cúspide en el centro de la ciudad están los tronos majestuosos. De ellos salían las luces más potentes que he visto.

Inmediatamente, por más encantado que estuviera de estar en presencia de ese comité de bienvenida tan cálido, me sentí atraído a avanzar hacia la entrada, a atravesar esa calle de oro, subir a esa colina, caer a los pies de los tronos y agradecer a Dios por permitirme estar allí.

Pero en ese momento fue cuando regresé de golpe a los restos de mi auto, cubierto por una lona, junto a un pastor orando desesperadamente por mí.

¿Vi a Jesús en el cielo? No, pero ese era el siguiente paso. Disfruté de la gloria de Dios que ilumina el cielo (véase Apocalipsis 21:23).

También confieso que estoy feliz de no haber visto al Salvador, porque si lo hubiese visto, hubiese perdido toda voluntad de vivir cuando tuve que regresar. En los meses siguientes de internaciones, cirugías, dolores insoportables, diagnósticos alarmantes e incertidumbre, si hubiese visto a Jesús cara a cara en el cielo y me hubiesen quitado eso, sé que no hubiese sobrevivido aquí. Eso es lo que sigo esperando con ansias.

Cuando intento explicar lo que es ver a mis seres amados en las puertas perladas, siento que no llego a expresarlo correctamente. Sin importar cuántas palabras utilice, ni siquiera me acerco a lo que fue la experiencia real. Ingresar y ver el árbol de la vida y el río de la vida fluyendo desde el trono de Dios, esos colores millones de veces más brillantes y más gloriosos que los que he visto en la tierra, y que luego me lo arrebataran ha sido insoportable.

Cuando regresé a la tierra y en las estadías en los distintos hospitales, luché contra la depresión. Parte de eso, naturalmente, era normal. Pero lo que no podía decirle a nadie era: «Quiero volver al cielo. Déjenme ir».

La suegra de mi coautor tuvo un infarto en el hospital en 1970, mucho antes de que se pudieran firmar las órdenes de no reanimar a pacientes. La habitación estaba llena de doctores que trabajaban en su cuerpo hasta que ella volvió a respirar.

Ese día, más tarde, ella le dijo a su doctor y a la familia: «Si me voy otra vez, no me regresen. Fue maravilloso saber que Jesús estaba esperándome».

Entiendo esto porque cuando toda esa gloria se desvaneció para mí y desperté en la habitación 2115, estaba rodeado de máquinas ruidosas, intravenosas, agujeros por todo mi cuerpo e intervenciones indescriptibles, y solo quería regresar a ese glorioso lugar.

Resistí por una razón: a pesar de todo mi dolor, mi depresión y mis cirugías dolorosas, *Dios no había terminado con mi vida*. No sabía qué era lo que Dios quería que hiciera, pero podía confiar en Él aun en el sufrimiento.

No, no vi el rostro del Señor. Pero ¡un día lo veré! No porque sea digno de verlo, sino porque me ama y dio su vida por mí. No será cuestión de merecerlo, será por el sacrificio del Cordero que quita el pecado del mundo, el Cordero que quitó *mi pecado*.

En ese momento, podré verlo cara a cara.

Capítulo 18

LAS PREGUNTAS MÁS COMUNES

«¿Pudo ver a...?»

Una mujer en Lake Charles, Luisiana, esperó dos horas para que firmara su copia de *90 minutos en el cielo*.

—Me encantó su libro, señor Piper —puso su libro frente a mí y agregó—: cuando estaba en el cielo, ¿pudo ver a Elvis?

Al ver su expresión profunda y seria me percaté de que estaba siendo completamente sincera.

—Los que me recibieron en las puertas del cielo eran personas que me ayudaron a llegar allí. Por eso no, no vi a Elvis —le dije—. Eso no significa que él no esté allí. Conocí y quise a muchas personas antes de mi accidente que habían muerto y sin embargo no las vi en el cielo. Creo que ellos estarán dentro cuando cruce la entrada. Elvis podría estar allí dentro si tomó un compromiso auténtico con Cristo en algún momento de su vida.

«¿Y si un ser amado no está en el cielo?»

A veces me preguntan: «¿Cómo puedo ser feliz en el cielo si mi ser querido está en el infierno?».

Muchas cosas que son parte de nuestra existencia en la tierra no serán parte nuestra en el cielo. Eso me hace pensar en mis tres pequeños nietos. Cuando están contentos, su felicidad es delirante; pero cuando están lastimados, tristes o enojados, las lágrimas brotan sin parar y a veces muy fuerte. Cuando crezcan, aprenderán a controlar esas emociones.

En el cielo solo existen la felicidad y el gozo, no hay lágrimas. No se necesitan.

Es difícil imaginar la felicidad completa, pero en el cielo todo es perfecto. Para personas como yo, no habrá más dolor físico. Piénsalo: no más depresión, no más huesos rotos, no más corazones rotos, no más cáncer y no más cirugías. En el cielo la vida es eterna. Viviremos en la presencia de Dios. No habrá funerales, no más coches fúnebres, no más ataúdes, no más duelos, no más lágrimas, no más muerte, todo esto desaparece para siempre en la ciudad del cielo.

La muerte es una parte inevitable de la vida en el planeta Tierra, el índice de muerte es del cien por ciento. Si el infierno es la muerte eterna —y lo es—, las personas allí querrán dejar de existir pero, en lugar de eso, vivirán eternamente en tormento y separados de Dios.

Aquello que parece dividirnos aquí, como las diferencias teológicas, ¡ya no existirán! Un Dios, un cielo, un pueblo y una eternidad.

La Biblia dice que en el cielo no habrá sol ni luna (véase Apocalipsis 21:23). ¿Por qué necesitaríamos una luz externa si nunca hay oscuridad? Tendremos luz constantemente, allí no existe la noche. En el presente, la oscuridad es algo que no deseamos y lo asociamos con el pecado y el ateísmo. En el cielo no hay oscuridad, no hay pecado, la gente no mata, no le roba a otra, no codicia lo ajeno, no miente, ni engaña. No existen los malentendidos.

Según Apocalipsis 21:27: «Nunca entrará en ella nada impuro, ni los idólatras ni los farsantes, sino solo aquellos que tienen su nombre escrito en el libro de la vida, el libro del Cordero».

Este versículo supone dos verdades básicas. Hay un camino al cielo y hay otro que hace imposible la entrada al cielo. El camino es Jesús. Él una vez les dijo a sus discípulos: «Yo soy el camino, la verdad y la vida» (Juan 14:6). Si no hay una verdadera relación con Jesús, es imposible que una persona pueda entrar en el reino de Dios.

Aquellos que han rechazado la salvación que ofrece Jesús no estarán registrados en el libro de la vida, el registro santo de todos los seguidores fieles de Jesús.

Cec y yo tenemos nuestros nombres *en* muchos libros y nos sentimos honrados por eso, pero si alguna vez quisiste que tu nombre apareciera *en* un libro, créeme que lo mejor es que sea en el libro de la vida. En cambio, sin Jesús, no hay esperanza de salvación, no hay esperanza en alcanzar el cielo, no hay esperanza de llegar a la vida eterna en la presencia de Dios. Rechazar a Dios trae muerte, separación eterna de Él y es un camino directo al infierno.

Si alguien que amas aún no tiene su nombre en el libro de la vida, corre, apresúrate, salta, llega como puedas a ellos y háblales acerca de Jesús.

«En el cielo, ¿sabremos quién no está allí?»

No lo creo. Eso traería lágrimas, tristeza y remordimiento y esos sentimientos no existen en el cielo. Creo que no recordaremos a esas almas. Si las recordáramos, su ausencia nos traería remordimiento, ¡y eso en el cielo es imposible!

Si podemos recordar a aquellos que amamos y encontraremos en el cielo, es posible también que no recordemos a aquellos que hemos perdido.

La Biblia nos dice que cuando pedimos perdón, Dios «tan lejos de nosotros echó nuestras transgresiones como lejos del oriente está el occidente» (Salmos 103:12). En Miqueas 7:19 se le pide a Dios:

«Pon tu pie sobre nuestras maldades y arroja al fondo del mar todos nuestros pecados». Sin duda este mismo Dios puede quitar nuestros recuerdos de aquellos que lo rechazaron, y así lo hará.

En el cielo, de hecho, nos conocerán como somos, es decir que conoceremos a Dios y nos conoceremos entre nosotros. Dios no querría que nos entristeciéramos por los que no estén allí. Si supiéramos quién no está, no sería el cielo.

La Biblia nos enseña que las almas que rechazan a Dios son condenadas al infierno, pero tendrán conciencia de la realidad del cielo (véase Lucas 16:23-24). Eso hace al infierno aún más infernal.

Lejos de preocuparnos o angustiarnos por la influencia espiritual que podríamos haber anunciado a aquellos que murieron sin Jesús, podríamos y deberíamos usar ese sentimiento tan crudo para duplicar nuestros esfuerzos a fin de que nadie más vaya al infierno.

Tal vez vayan igual al infierno, sin importar cuánto nos esforcemos, pero hagamos lo posible para que vengan con nosotros.

«¿Nuestros seres queridos pueden vernos ahora?»

A veces, le sigue la pregunta: «Si las personas del cielo no saben quiénes no están allí, ¿pueden ver lo que sucede en la tierra ahora?».

Me gusta señalar que, a lo largo de los años, he trabajado mucho en un escenario teatral. Podría haber sido un actor maravilloso, pero si no hubiese nadie en el público, ¿qué sentido tendría?

En la preparatoria, practicaba atletismo. Las tribunas estaban abiertas para cualquiera que quisiera observar los eventos de atletismo. Ahora, comparémoslo con tu vida. ¿Realmente quisiéramos que las personas del cielo estén en las tribunas observando cada movimiento en la tierra?

No creo que lo hagan.

Existe otra forma de abordar esto. En Lucas 9:62 Jesús dice: «Nadie que mire atrás después de poner la mano en el arado es

apto para el reino de Dios». Imagina que estamos parados frente
a la gloria y la majestad de Dios. ¿Crees que estaremos tentados a
mirar hacia atrás y pensar en la tierra? En el cielo, ¿estaremos en las
tribunas agitando pompones celestiales, festejando cada pequeña
victoria de la tierra y quejándonos por cada «meta» no alcanzada?
No lo creo.

El cielo es una felicidad que sobrepasa ampliamente cualquier
definición humana. Lo que sucede en la tierra no alcanza el grado
ni de las más simples actividades celestiales.

Excepto por un acontecimiento.

En Lucas 15, Jesús habla acerca de una oveja perdida, una mo-
neda perdida y un hijo perdido, y en el versículo 7 dice: «Les digo
que así es también en el cielo: habrá más alegría por un solo pecador que se arrepienta».

El gran Dios de la creación y sus ángeles santos se alegran enor-
memente cuando un solo ser humano se arrepiente y acepta a Jesús
como Salvador. Hagámoslo personal. En el momento en que con-
fiaste en Cristo como tu Salvador, en el cielo hubo una celebración
en tu honor. Tal vez te han cantado el «Feliz cumpleaños» muchas
veces para celebrar tu nacimiento en la tierra. En el cielo, el cántico
más alegre que te puedas imaginar es el del momento en que naciste
de nuevo en Jesús. ¡Ese sí que es un feliz cumpleaños!

«¿La gente del cielo sabe lo que sucede aquí en la tierra?». Podemos estar seguros de algo, saben cuándo fuiste salvo. Si eras un
seguidor de Jesús antes de que ellos murieran, saben que irás. Todos allí saben quién llegará. Ellos no te extrañan, ¡te esperan!

Capítulo 19

¿POR QUÉ DIOS NO NOS LLEVA AL CIELO EN EL MOMENTO QUE ACEPTAMOS A CRISTO?

Cuando Jesús estaba muriendo en la cruz, estaba al lado de dos criminales condenados a muerte. Lucas 23:32-43 nos relata la historia completa.

Un criminal «empezó a insultarlo: "¿No eres tú el Cristo? ¡Sálvate a ti mismo y a nosotros!"». El otro lo reprendió, diciendo que ellos merecían su castigo, pero que Jesús no había hecho nada malo. Entonces le dijo al Señor: «"Jesús, acuérdate de mí cuando vengas en tu reino". "Te aseguro que hoy estarás conmigo en el paraíso", le contestó Jesús» (versículos 39-43).

Como dijo Jesús: «Hoy estarás conmigo en el paraíso». Así de rápido llegamos a las puertas del cielo.

Lo más importante que podemos hacer es estar preparados para lo que suceda después (porque algo *sucederá*). Nuestras almas dependen de eso. No podremos presionar el botón de pausa y volver a pensarlo.

No hace mucho, estaba con una familia en la unidad de cuidados intensivos de un hospital en Houston. Un hombre se mantenía vivo gracias a unas máquinas costosas y ruidosas.

Yo mismo había estado en esa situación. No recuerdo mucho, pero ese día veía a un hombre muriendo. Sus seres queridos le sostenían la mano, le acariciaban el rostro, le susurraban y se hablaban entre ellos en voz baja.

El propósito de ese encuentro era despedirse. Lo que lo mantenía vivo estaba a punto de ser desconectado. El paciente había dejado la orden de no reanimarlo, porque no quería que lo mantuviesen vivo de forma artificial. Cuando ya no pudiera respirar y su corazón no pudiera bombear sangre por sí mismo, él quería morir.

He estado en muchas habitaciones como esa. A veces la gente llora, en otras ocasiones se ven leves sonrisas de recuerdos. Para mí es un momento santo: una persona a la que conocen y aman está a punto de morir.

Y eso trae la pregunta: ¿por qué seguimos viviendo después de convertirnos en cristianos? ¿No nos ahorraría muchos problemas y tristezas si nos fuésemos al cielo en el momento que aceptamos a Cristo como Salvador?

Sin embargo, piensa en esto: desde que me convertí en cristiano, a los dieciséis años, me gradué de la universidad, me casé con mi amor de la juventud y Dios nos bendijo con tres hijos, después comencé una profesión en la industria de la comunicación y luego serví de tiempo completo en la iglesia, todo antes de que me chocara el camión. Si me hubiese ido al cielo el día de mi salvación en mayo de 1966, me hubiese perdido todo eso.

Y eso sin contar lo que sucedió después del 18 de enero de 1989. Otros recuerdos me llenan el corazón, como el día que acompañé al altar a mi hija Nicole en su boda, o cuando mis tres hijos se graduaron de la universidad; hoy soy abuelo de tres niños hermosos.

Si me hubiese ido al cielo a los dieciséis, me hubiese perdido muchas experiencias maravillosas que hoy celebro.

Jesús llamó a sus primeros seguidores a dejar sus respectivos trabajos y seguirlo por tres años y medio. Después de que Jesús se fue
al cielo, lo sirvieron hasta que todos fueron martirizados, menos
Juan, que se exilió a una isla llamada Patmos y allí falleció, aparentemente de muerte natural.

Aunque cambiaron su profesión, no dejaron de vivir. Todo lo
contrario, comenzaron a testificar que sus vidas nunca habían tenido verdadero sentido hasta que conocieron a Jesús, porque así fue.

Sí, he estado con almas sufrientes que en su lecho de muerte
confesaron su fe en Cristo y dieron su siguiente respiro en el cielo.
Es muy satisfactorio y emocionante cuando sucede, pero también
es horrible. Mientras alabamos a Dios por los nuevos nombres escritos en el libro de la vida, es triste correr el riesgo de esperar hasta
estar a las puertas de la muerte para tomar la decisión. Se perdieron
del gozo y la paz de vivir la vida cristiana en la tierra.

Por supuesto, Jesús quiere salvarnos hoy para que podamos
vivir para él y servirlo hasta que nos llame a nuestro hogar. *En
verdad, somos salvos para servir.* Muchas veces esto significa toda
una vida de servicio, no solo el momento previo a la muerte. Algunos de los creyentes más arrepentidos y decepcionados que he
conocido no aceptaron la salvación en su momento, pero sintieron
gran remordimiento por esperar hasta los ochenta años para tomar
esa decisión.

De alguna manera, por supuesto, lo que he escrito antes es personal. No poseo todas las respuestas a esa pregunta, pero esto es
algo que a veces me pregunto: si todos los creyentes inmediatamente se fueran al cielo cuando se convierten, ¿quién quedaría para
difundir el mensaje?

Seguimos aquí con un deber divino. Dios tiene un propósito
para nosotros. El cumplimiento de ese propósito comienza al entre-

garnos completamente a Dios. Pablo escribe: «Por lo tanto, hermanos, tomando en cuenta la misericordia de Dios, les ruego que cada uno de ustedes, en adoración espiritual, ofrezca su cuerpo como sacrificio vivo, santo y agradable a Dios» (Romanos 12:1).

Ese es nuestro propósito.

Una de las últimas palabras que Jesús les dijo a sus discípulos fue: «Serán mis testigos tanto en Jerusalén como en toda Judea y Samaria, y hasta los confines de la tierra» (Hechos 1:8). Quiso decir que ellos les contarían a otros acerca de Él, a sus vecinos y amigos. Luego, ellos esparcirían el mensaje por toda la tierra. Se dice que Tomás fue a India y proclamó el evangelio.

Estamos aquí como testigos, como representantes divinos, o como dijo Pablo: «Si alguno está en Cristo, es una nueva creación. ¡Lo viejo ha pasado, ha llegado ya lo nuevo! Todo esto proviene de Dios, quien por medio de Cristo nos reconcilió consigo mismo *y nos dio el ministerio de la reconciliación*: esto es, que en Cristo Dios estaba reconciliando al mundo consigo mismo, no tomándole en cuenta sus pecados y *encargándonos a nosotros el mensaje de la reconciliación. Así que somos embajadores de Cristo, como si Dios los exhortara a ustedes por medio de nosotros*: "En nombre de Cristo les rogamos que se reconcilien con Dios"» (2 Corintios 5:17-20, el énfasis es mío).

Y aún hay más. En palabras de Jesús: «La cosecha es abundante, pero son pocos los obreros —les dijo a sus discípulos—. Pídanle, por tanto, al Señor de la cosecha que envíe obreros a su campo» (Mateo 9:37-38). No solo somos representantes de Dios, otra razón para permanecer en la tierra es para orar para que otros acepten la responsabilidad de ser sus testigos, o como dijo Jesús, sus obreros. Dios quiere que cada uno de nosotros sea parte de su gran plan para el mundo.

Aquí hay algo más. Nos llamamos cristianos. *Cristo* no es el apellido de Jesús, es su título, significa «el ungido». Y nosotros somos ungidos (nombrados, elegidos) para llevar las buenas noticias al mundo. Y esa noticia es simple: «Dios te ama y quiere vivir contigo para siempre».

También podemos citar las palabras de Jesús: «Vayan por todo el mundo y anuncien las buenas nuevas a toda criatura» (Marcos 16:15). O también: «Este evangelio del reino se predicará en todo el mundo como testimonio a todas las naciones, y entonces vendrá el fin» (Mateo 24:14).

Mientras respiremos en la tierra, estamos aquí *a* propósito y *por* un propósito. No debemos dejar nuestras ocupaciones como hicieron los discípulos, pero tenemos el mismo llamado que ellos.

¡Ir y hablarle al mundo acerca de Jesús! Ese es el propósito por el que estamos aquí.

Al comienzo de este capítulo te mencioné de ese día en la UCI, rodeado de máquinas, tubos y familiares despidiéndose de su ser querido. Allí es donde muchos de nosotros pasaremos nuestros últimos momentos en la tierra. Luego, estaremos en el cielo rodeados de aquellos que hemos amado y hemos perdido solo por un tiempo. Todos estamos a solo una respiración del cielo.

Si el cielo es tu hogar definitivo, cuando llegue tu momento, ¿quién te recibirá en las puertas del cielo? ¿Quién estará allí gracias a ti? Esta última pregunta es el motivo por el cual aún estás aquí. Para llevar a la gente a Cristo.

¿QUÉ SUCEDE CON NUESTRO CUERPO EN EL CIELO?

Cuando llegué a las puertas del cielo, algo que me asombró fue que todos se veían sanos y con energía y rejuvenecidos completamente. Nadie era anciano. Era como el Jardín del Edén, en donde todo y todos eran perfectos. Recuerdo en especial a mi abuela con esos dientes blancos brillantes, algo que no tenía en la tierra, ya que los había perdido de muy joven.

Cuando entró el pecado llegó la muerte, pero no fue una muerte inmediata en ese lugar. Hasta Génesis 3, Adán y Eva no tenían pecado ni edad.

Después de desobedecer, Dios los maldijo y los expulsó del Edén. Dijo: «No vaya a ser que [el ser humano] extienda su mano y también tome del fruto del árbol de la vida, y lo coma y viva para siempre» (Génesis 3:22). El significado obvio de esto es que no corría el tiempo durante el periodo de inocencia.

Adán vivió ochocientos años después de salir del Edén (Génesis 5:4). La gente vivía mucho más antes de que los años se acortaran, desde ochocientos años hasta los novecientos sesenta y nueve años de Matusalén. Para el momento en que Abraham entró en escena, la vida de la gente era mucho más corta. «Abraham vivió ciento setenta y cinco años» (Génesis 25:7), y José vivió hasta los ciento diez años (Génesis 50:26).

El salmo 90, que se le atribuye a Moisés, dice: «Por causa de tu ira se nos va la vida entera; se esfuman nuestros años como un suspiro. Algunos llegamos hasta los setenta años, quizá alcancemos hasta los ochenta, si las fuerzas nos acompañan. Tantos años de vida, sin embargo, solo traen pesadas cargas y calamidades» (versículos 9-10).

Este salmo muestra el castigo que trae el pecado y que todos los seres humanos de la tierra mueren. ¡Pero hay una gran noticia! El cielo cambia eso y nos devuelve la inocencia y la pureza del Jardín del Edén.

Piensa en la generación que siguió a la muerte y la resurrección de Jesús. Los primeros discípulos eran ancianos y obviamente algunos habían muerto. Pero los creyentes parecían no tener problemas para creer en la resurrección. Ellos deben de haber sabido lo que mencioné antes, por eso sus preguntas eran acerca del cuerpo. «¿Cómo nos veremos? ¿Tendremos los mismos cuerpos?».

Pablo dedica gran parte de 1 Corintios para explicar la resurrección de los cuerpos. Comienza en el 15:35 respondiendo la pregunta con una analogía. Él compara nuestros cuerpos con semillas. Plantamos semillas en la tierra, estas mueren y al morir producen una planta. «Pero Dios le da el cuerpo que quiso darle» (versículo 38).

De una forma muy poética, Pablo señala que los cuerpos terrenales y los cuerpos celestiales no son los mismos (versículo 40). Resumiendo su declaración dice: «Así sucederá también con la resurrección de los muertos. Lo que se siembra en corrupción resucita en incorrupción… Se siembra un cuerpo natural, resucita un cuerpo espiritual» (versículos 42, 44).

Por las palabras de Pablo y por mi propia experiencia en las puertas del cielo, puedo decir que todos tendremos cuerpos, pero no serán los terrenales. «Les declaro, hermanos, que el cuerpo mortal no puede heredar el reino de Dios, ni lo corruptible puede heredar lo incorruptible» (versículo 50).

«Creemos en la resurrección y estamos ansiosos por eso. Pero ¿qué sucede con nuestro cuerpo?». Esa debe haber sido la pregunta más formulada por los creyentes del primer siglo. La generación posterior a Jesús vio morir a sus viejos amigos cristianos.

«Cristo ha sido levantado de entre los muertos, como primicias de los que murieron» (15:20). Traducciones más antiguas se refieren a Jesús como los «primeros frutos», lo que tiene un énfasis teológico importante. Cuando Moisés le dio al pueblo la ley, uno de los requisitos era dar la primera cosecha de sus tierras y huertos a Dios. Esta era llevada a los sacerdotes, quienes eran los representantes de Dios.

El primer fruto de la cosecha era para dedicárselo a Dios. Moisés escribió: «De las primicias que ellos traigan al SEÑOR te daré también lo mejor del aceite, del vino nuevo y de los cereales. Ellos traerán al SEÑOR las primicias de todo lo que la tierra produce, y yo te las entregaré a ti. Toda persona que esté ritualmente pura podrá comer de ellas» (Números 18:12-13).

Deuteronomio 26:2-3 ordena: «Tomarás de las primicias de todo lo que produzca la tierra que el SEÑOR tu Dios te da, y las pondrás en una canasta. Luego irás al lugar donde el Señor tu Dios haya decidido habitar, y le dirás al sacerdote que esté oficiando: "Hoy declaro, ante el SEÑOR tu Dios, que he entrado en la tierra que él nos dio, tal como se lo juró a nuestros antepasados"».

Levítico 23:9-11 señala que mecer la gavilla de las primeras espigas de la cosecha ante el Señor servía para consagrar toda la cosecha siguiente. De manera similar, la resurrección de Cristo es comparada a los primeros frutos de aquellos que han muerto y se convertirán en la seguridad de que todos los que confían en Él resucitarán. Jesús fue ese primer fruto, el comienzo del cumplimiento de la resurrección para todos nosotros. Esto significa que después la cosecha será abundante.

La respuesta de Pablo dice que seremos como Jesús (1 Corintios 15:49). El apóstol Juan lo explica de esta manera: «Queridos hermanos, ahora somos hijos de Dios, pero todavía no se ha manifestado lo que habremos de ser. Sabemos, sin embargo, que cuando Cristo venga seremos semejantes a él, porque lo veremos tal como él es» (1 Juan 3:2).

Por supuesto, esa no es toda la respuesta. Una forma de abordar esto es observar dos de las apariciones físicas de Jesús después de la resurrección. En ambas, Él se presentó ante sus seguidores, los discípulos que habían viajado con Él y lo conocían bien. Ellos no lo reconocieron porque él estaba en lo que llamamos el cuerpo glorificado, eso mismo nos sucederá a nosotros un día.

En 2018 tuve el privilegio de hacer otra peregrinación a Israel. En cuestión de días pude visitar la Tumba del Jardín, la iglesia del Santo Sepulcro, la iglesia de los Cruzados en Emaús y el mar de Galilea. Jesús visitó todos esos lugares *después* de su resurrección.

Mira el relato de María Magdalena. El domingo por la mañana, ella fue a la tumba y descubrió que estaba vacía. Se quedó allí llorando, porque creyó que se habían llevado el cuerpo y no sabía dónde buscarlo. Un hombre, que ella confundió con el jardinero, le preguntó por qué lloraba.

El hombre era Jesús y ella no lo había reconocido. «"María" —le dijo Jesús» (Juan 20:16). Cuando Jesús la llamó por su nombre, ella lo reconoció. De ese versículo deducimos que el aspecto de Jesús para María era diferente, si no ella lo hubiese reconocido inmediatamente.

Luego está la segunda gran historia en el Evangelio de Lucas. Dos discípulos estaban caminando las diecisiete millas (veintisiete kilómetros) de distancia entre Jerusalén y Emaús. Estaban tristes y hablaban de lo que había ocurrido, en especial de la muerte de Jesús.

Un extraño apareció y comenzó a caminar con ellos. En esos días era común que la gente que iba en la misma dirección se uniera.

El extraño, por supuesto, era Jesús, a quien no reconocieron. Ellos hablaban de lo que acababa de suceder en Jerusalén.

«¿Qué vienen discutiendo por el camino?», les preguntó Jesús.

Ellos se sorprendieron de que no estuviera al tanto de los acontecimientos recientes. Inmediatamente, ellos le hablaron acerca de Jesús, que «era un profeta, poderoso en obras y en palabras delante de Dios y de todo el pueblo» (Lucas 24:17, 19).

Viajaron juntos hasta que justo antes de llegar a Emaús Jesús hizo como que se iba más lejos, pero ellos le insistieron para que se quedara, porque ya era casi de noche. Aparentemente en una posada, se sentaron juntos y comieron. Durante ese tiempo, el Señor se reveló a sí mismo y ellos «aterrorizados, creyeron que veían a un espíritu» (versículo 37).

De una forma menos dramática, Juan 21:1-4 registra el momento en que Jesús está en el mar de Galilea mientras Pedro, Santiago y Juan van a pescar, pero no sacan nada. Desde la costa, Jesús les grita: «Tiren la red a la derecha de la barca, y pescarán algo» (versículo 6). Entonces Juan reconoce a Jesús, tal vez por su voz, y le dice a Pedro: «¡Es el Señor!» (versículo 7).

De estos relatos bíblicos podemos aprender que nuestros cuerpos resucitados mantendrán nuestra identidad y que otros podrán reconocernos, aunque tendremos más capacidades de las que tenemos con nuestros cuerpos terrenales actuales. Puedo ser testigo de esto gracias a mi viaje al cielo. Reconocí a todos, incluso aunque la mayoría de ellos no tenían la misma edad que la última vez que los había visto.

Capítulo 21

EN EL CIELO, ¿NOS CONVERTIMOS EN ÁNGELES?

Una noche, durante el momento de las preguntas después de una charla que había dado, una joven preguntó si en el cielo seríamos ángeles. Muchas personas se rieron y ella obviamente los escuchó, pero rápidamente agregó:

—Cuando estaba en cuarto grado, mi compañero Bobby fue arrollado por un autobús mientras cruzaba la calle. En su funeral, uno de los que habló dijo: «Dios necesitaba otro ángel para su coro celestial y eligió a Bobby».

—No sé de dónde habrá sacado esa información —le respondí—, pero eso no está en la Biblia. Si nos convirtiésemos en ángeles, no hubiese reconocido a ninguno de los que me recibieron. Todos eran seres humanos, completamente humanos.

Me sorprende conocer a gente que cree que nos transformaremos en huestes celestiales. No tengo idea de dónde han sacado eso.

El único versículo que se me ocurre que pueden haber malinterpretado es Lucas 20:36. Jesús, refiriéndose a lo que sucede después de la resurrección, dice que los seres humanos «tampoco podrán morir, pues serán como los ángeles». Aquí dice que serán como los ángeles porque no morirán, pero no dice que nos transformaremos en esas criaturas.

¿Por qué querríamos ser ángeles? Desde luego los ángeles son mensajeros gloriosos con todo tipo de poderes increíbles, pero la Biblia dice enfáticamente que los seres humanos son el cénit de la creación de Dios. Solo los seres humanos fueron creados a imagen de Dios (véase Génesis 1:27). El sacrificio de Jesús habla de que somos el objeto central del amor de Dios y de su búsqueda interminable por disfrutar la cercanía con nosotros.

Los ángeles son seres eternos. Cuando el Señor le habla a Job, le pregunta: «¿Dónde estabas cuando puse las bases de la tierra?... ¿mientras cantaban a coro las estrellas matutinas y todos los ángeles gritaban de alegría?» (Job 38:1-7).

El Nuevo Testamento, escrito en griego, utiliza la palabra *ággelos*, que significa «mensajeros». La palabra hebrea *malak* tiene el mismo significado. Su nombre expresa cuál es su función principal, son mensajeros divinos.

Creo firmemente que un ángel estaba sosteniendo mi mano derecha, dándome fuerza y seguridad durante mi espantoso accidente y que fueron los ángeles los que me llevaron al cielo cuando morí (véase Lucas 16:22). Detengámonos aquí y veamos que los ángeles llevan las «cargas pesadas». Ese es su papel en el plan de Dios. Ellos sirvieron a un ser humano, el principal objeto del amor de Dios. En el cielo no nos convertiremos en ángeles, quienes fuimos creados a imagen de Dios cenaremos en su mesa (véase Apocalipsis 19:9).

Capítulo 22

CUANDO LOS BEBÉS MUEREN, ¿VAN AL CIELO?

Una de las preguntas más comunes y difíciles que escucho es acerca de qué sucede con los niños que mueren. Esta es una pregunta más emocional que bíblica, especialmente cuando la hace un padre que ha perdido a su hijo.

Si nos guiamos por nuestras emociones, queremos gritar: «¡Sí, por supuesto!», pero en la Biblia no hay ninguna afirmación sobre esto. Sin embargo, podemos hacer algunas deducciones importantes. Antes de avanzar, quiero dejar en claro que creo en un Dios amoroso y compasivo, lleno de misericordia y bondad. Eso, por sí solo, me da una respuesta positiva sobre la muerte de los niños.

Parte de mi respuesta se basa en el principio importante del Antiguo Testamento. Los padres eran completamente responsables de sus hijos. Cualquiera que fuese la decisión que tomaran, también afectaba a sus hijos. En el Nuevo Testamento, esto se explica de forma clara en Hechos 16:16-40. Pablo y Silas estaban presos en Filipos y a mitad de la noche «de repente se produjo un terremoto tan fuerte que la cárcel se estremeció hasta sus cimientos. Al instante se abrieron todas las puertas y a los presos se les soltaron las cadenas» (Hechos 16:26).

El carcelero «entró precipitadamente y se echó temblando a los pies de Pablo y de Silas» (versículo 29). Él hizo una gran pregunta: «Señores, ¿qué tengo que hacer para ser salvo?» (versículo 30).

Los apóstoles, desencadenados, le respondieron: «Cree en el Señor Jesús; así tú y tu familia serán salvos» (versículo 31). Este carcelero y su familia fueron los primeros gentiles en llegar a Cristo.

Creemos que el único camino para ser salvos es por medio de Cristo. Es un hecho que sin el Salvador nadie puede tener vida eterna.

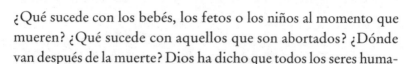

¿Qué sucede con los bebés, los fetos o los niños al momento que mueren? ¿Qué sucede con aquellos que son abortados? ¿Dónde van después de la muerte? Dios ha dicho que todos los seres humanos nacen en pecado, pero ellos no van al infierno, ¿no?

A alguien que alguna vez ha perdido un bebé o conoce a alguien que ha sufrido esto, ¿qué podemos decirle? ¿Hay algo en la Biblia que pueda darnos las palabras de esperanza y consuelo para la enorme pérdida de un hijo? Sufre con ellos, llora con ellos y expresa tu dolor por su pérdida, eso es todo lo que en verdad puedo decir.

La mayoría de los teólogos cree que los niños que mueren en la primera infancia están contados entre los redimidos. Es decir, tenemos cierto grado de confianza en que Dios mostrará su gracia para con aquellos que nunca han tenido la oportunidad de exponerse al evangelio, como los niños, los bebés y los embriones. Diciéndolo de otra forma, ellos fallecieron antes de ser lo suficientemente grandes como para elegir la salvación que Jesús da.

Esto es solo una analogía, pero es algo que me da satisfacción: en el Antiguo Testamento, Dios impide que los israelitas desobedientes entren a la Tierra Prometida por su falta de fe. Sin embargo, Él no hace responsables a los hijos por lo que hicieron sus padres. «En cuanto a sus hijos pequeños, que todavía no saben distinguir entre el bien y el mal, y de quienes ustedes pensaron que servirían de botín, ellos sí entrarán en la tierra y la poseerán, porque yo se la he dado» (Deuteronomio 1:39).

El profeta Isaías escribe el pasaje ahora famoso sobre la virgen que da a luz a un hijo y agrega: «*Porque antes de que el niño sepa elegir lo bueno y rechazar lo malo*, la tierra de los dos reyes que tú temes quedará abandonada» (Isaías 7:16, el énfasis es mío).

En el Nuevo Testamento la gente traía a sus hijos a Jesús para pedirle que pusiera su mano sobre ellos y los bendijera. En un relato, los discípulos reprendían a la gente.

«Cuando Jesús se dio cuenta, se indignó y les dijo: "Dejen que los niños vengan a mí, y no se lo impidan, porque el reino de Dios es de quienes son como ellos"» (Marcos 10:14). Este versículo para mí es bien claro, en especial estas palabras: porque el reino de Dios es de quienes son como ellos (los inocentes).

Aunque no puedo brindar textos que lo prueben, hablo de la gracia y el amor de Dios, y me recuerdo a mí mismo que Él no nos da las respuestas a todas las preguntas que podamos tener.

Mi respuesta final es esta: «Lo secreto le pertenece al SEÑOR nuestro Dios, pero lo revelado nos pertenece a nosotros y a nuestros hijos para siempre, para que obedezcamos todas las palabras de esta ley» (Deuteronomio 29:29).

Creo que la gracia y la benevolencia de Dios son enormes, mucho más grandes de lo que el ser humano pueda imaginar.

Capítulo 23

UNA RESPUESTA PERSONAL ACERCA DE LOS BEBÉS QUE MUEREN

En el capítulo anterior intenté responder la pregunta general acerca de los niños que mueren. Este capítulo es mi respuesta personal.

Cuando Eva y yo nos casamos en 1973, ya habíamos hablado de tener hijos. Dos niños y dos niñas era lo ideal.

Después de que Eva se graduó de la universidad, luego de un año y medio de casados, en oración decidimos que tal vez era hora de comenzar una familia. Recuerdo esas decisiones como casarnos, tener cierta cantidad de hijos y cuándo tenerlos, y ahora entiendo la importancia de esos acontecimientos de una forma que nunca lo hubiese hecho en ese momento.

Eva y yo estábamos enamorados. Pensamos que como en 1976 se celebraría el bicentenario de nuestro país, sería histórico intentar tener un hijo el 4 de julio de 1976. Dios decidió que el día histórico perfecto para tener un bebé fuese el 19 de junio de 1976. Angela Nicole Piper hizo su aparición cerca de las nueve de la noche. Incluso aunque la esperábamos para el 4 de julio, estábamos muy contentos.

Parecía muy fácil en ese momento concebir, sobrellevar el embarazo y traer un niño a casa desde la guardia de maternidad. Casi un año y medio después, decidimos que ya era tiempo para el segundo bebé, esta vez tal vez un varón. Eva quedó embarazada y le contamos a todo el mundo.

Todo marchaba sin problemas hasta que una noche, Eva gritó desde el bañó: «¡Ven rápido!».

Perdimos al bebé y tuvimos que decírselo a nuestros amigos. Todos fueron muy solidarios. Por un tiempo nos sentimos confundidos y sin consuelo. Luego decidimos volver a intentarlo, pero esta vez sin decirle a nadie.

Nada. Los meses pasaban y comenzamos a dudar si Nicole no sería nuestra única hija. Nos decíamos que si esa era la voluntad de Dios, la aceptaríamos. Ambos fuimos al doctor y nos hicimos análisis para asegurarnos de que aún podíamos tener hijos, y no encontraron ningún problema.

Aproximadamente tres años después de perder al último bebé, Eva volvió a quedar embarazada. Estábamos encantados, pero lo mantuvimos en secreto por miedo a repetir la pérdida anterior. Todo iba bien hasta que Eva fue a realizarse los exámenes de rutina. Me llamó a mi oficina desde la del médico y me dijo:

"Ven rápido, me están ingresando al hospital. Tengo un embarazo ectópico".

A veces también se le dice embarazo tubárico o abdominal, que es cuando la gestación se desarrolla fuera del útero. Eso puede ser peligroso no solo para el bebé sino también para la madre. Es una causa común de muerte materna en el primer trimestre. Aunque el bebé sobreviva, la madre puede sufrir daños irreparables para volver a tener hijos.

Otra vez perdimos al bebé.

Estábamos destrozados por la pérdida y tristes por la posibilidad de no poder darle hermanos a Nicole. De hecho, hasta consideramos no volver a correr el riesgo de un embarazo.

Luego Eva quedó embarazada de gemelos. Por fin salió todo bien. Christopher y Joseph nacieron cinco años después que su hermana. Nicole ahora tiene cuarenta y dos años y los gemelos treinta y siete. Gracias a Dios, tienen sus propios hijos.

Pero ¿qué sucedió con los hijos que *casi* llegan a casa desde el hospital? Ni siquiera vivieron lo suficiente como para experimentar la vida aquí. No pecaron y nunca tuvieron la oportunidad de escuchar acerca de Jesús. ¿Es posible que estén en el cielo? ¿Hay niños en el cielo?

Todos los niños, nacidos o no nacidos, son regalos especiales de Dios. Eran suyos antes de que fueran nuestros. Creo que Él solo nos los presta un tiempo en la tierra. Dios puede cuidar muy bien a esos seres humanos en el cielo hasta que nos reunamos todos allí. Esos niños no nacidos, al igual que todos los que no han alcanzado una edad de poder decidir por sí mismos tener una relación verdadera con Dios, van al cielo cuando mueren o cuando no nacen. La próxima vez que esté con ellos no nos volveremos a separar.

Cuento esta historia personal para consolar y darle seguridad a aquellos que, como Eva y yo, han perdido bebés antes de que nacieran, o poco tiempo después de su nacimiento.

Pocos amigos íntimos saben que Eva y yo perdimos *tres* bebés por complicaciones en el embarazo. Para una pareja joven, muy felices con la idea de ser padres, estas pérdidas fueron demasiado dolorosas. Sin embargo mi esposa y yo confiamos en que en el cielo nos encontraremos con esas almas queridas que no llegamos a conocer y amar aquí en la tierra, así como nos encontraremos con esos ancestros que partieron antes que nosotros y los santos de la Biblia que nos guiaron por el camino al cielo a todos.

¿Qué sucede con aquellos que fueron separados al nacer, dados en adopción o nunca tuvieron la dicha de conocer a sus familias terrenales? Mi convicción es que si están preparados para el cielo, los encontraremos *dentro* de las doce puertas.

Esta es una historia de la Biblia que me trajo consuelo luego de nuestras pérdidas. El rey David tuvo varios hijos, incluido uno con su esposa Betsabé, que fue concebido cuando ella estaba casada con otro hombre.

El bebé de David y Betsabé nació enfermo. El rey David oró por el pequeño, pidiéndole a Dios que sobreviviera, pero luego de siete días, el niño murió.

Los que estaban en la corte del rey estaban devastados y temían que David cayera en una profunda depresión. En lugar de eso, David se levantó, se bañó, cambió sus vestidos por primera vez en una semana y fue a la casa del Señor a adorar.

Los sirvientes que lo rodeaban estaban confundidos al ver el cambio abrupto del rey. «Cuando el niño estaba vivo, usted ayunaba y lloraba; pero, ahora que se ha muerto, ¡usted se levanta y se pone a comer!» (2 Samuel 12:21).

Estas fueron las palabras del rey David, como padre, y no como rey: «Es verdad que cuando el niño estaba vivo yo ayunaba y lloraba, pues pensaba: "¿Quién sabe? Tal vez el SEÑOR tenga compasión de mí y permita que el niño viva". Pero, ahora que ha muerto, ¿qué razón tengo para ayunar? ¿Acaso puedo devolverle la vida? *Yo iré adonde él está, aunque él ya no volverá a mí*» (versículos 22-23, el énfasis es mío).

Desde ese momento, esas palabras han consolado y fortalecido a padres, madres y muchos otros durante siglos. Y también me han traído consuelo a mí.

«Yo iré adonde él está». Tuve la oportunidad de estar en la tumba del rey David en Jerusalén. Él murió y fue enterrado, pero no está allí, está con Dios Padre. Y creo que el hijo de David está allí con su padre. ¿El niño sigue siendo un bebé? Tal vez sí, tal vez no.

Dios nos ama desde antes de nacer, ama a aquellos que no han nacido. Creo que Dios ama a todos los bebés abortados. De hecho, nos ama después de nacer y antes de que podamos entender nuestro pecado y rebelión contra Él (a veces se le llama la edad de responsabilidad). Él también ama a aquellos que nunca alcanzan la capacidad mental de un adulto.

No encuentro evidencia en la Biblia de que los niños sigan siendo niños en el cielo. Recuerda: Adán y Eva nunca fueron niños. Así es como Dios eligió crear a los primeros seres humanos. Quizá también ese es su modelo para el cielo. A veces he oído a gente decir que todos tendremos treinta y tres años en el cielo, porque esa es la edad que tenía Jesús cuando fue crucificado. No existe evidencia de etapas de la vida en el cielo, es decir, infancia, adolescencia o adultez. Creo que las etapas de la vida solo se ven en la tierra. Ya lo sabremos, ¿verdad?

------◈------

¿Vi a algún bebé o a algún niño en el cielo? No, pero eso no significa que no haya. Mi respuesta tiene dos razones. Primero, quienes me recibieron en el cielo eran las personas que me ayudaron a llegar o me alentaron durante el camino. Ningún bebé lo hizo. Segundo, creo firmemente que todos mis hijos vivos y muertos eran de Dios antes de ser míos. Él solo nos los presta. Él está cuidando muy bien a mis hijos que no llegué a conocer.

Creo que mis hijos no nacidos me están esperando dentro de esas puertas y, aunque haya bebés o niños en el cielo, de todos modos todos somos hermanos y hermanas. En el momento en que los abrace, los reconoceré y podremos comenzar juntos la vida eterna. En el cielo no hay nacimientos ni muertes.

El amor de Dios me garantiza que me reuniré con mis hijos en el cielo. Sigo encontrando consuelo en las palabras de David: «Yo iré adonde él está».

Capítulo 24

¿HABRÁ MASCOTAS EN EL CIELO?

De todas las preguntas que me hacen, esta es una de las más sentimentales: ¿estará mi perro o mi gato conmigo en el cielo?

Siempre respondo: «No vi ningún animal, pero de todos modos estaba afuera de las puertas y estaba por entrar cuando la oración me regresó a la tierra. Solo puedo decir mi opinión».

Cec muchas veces responde señalando que la Biblia no habla de nuestras mascotas en el cielo. Hay razones históricas y teológicas importantes para eso.

Los perros y los gatos no eran animales domésticos en los tiempos bíblicos. Los gatos no se mencionan nunca en la Biblia y los perros solo de formas negativas. En esos días, los perros eran animales carroñeros. Por eso, ¿por qué habría una referencia a las mascotas cuando la Biblia habla del cielo?

Hoy usamos la palabra *carroñeros* para referirnos a criaturas como las moscas, las hienas o los buitres que se alimentan de materia muerta o en descomposición. Debemos recordar que la Biblia fue escrita por y para un pueblo antiguo con referencias que, para ellos, tuvieran significado. Afirmamos que la Biblia fue inspirada y su mensaje es atemporal, pero la cultura no lo es. El silencio de la Biblia sobre muchos asuntos puede ser un indicador de que Dios simplemente no le da a todo eso el valor que nosotros le damos hoy.

La primera tarea de Adán fue ponerles nombre a todos los animales y proveerles para su sustento. Después de su creación, Dios se preocupó por el bienestar de los animales. La Biblia dice que Jesús regresará del cielo en un caballo (véase Apocalipsis 19:11-16).

Creo que si el cielo es realzado por los animales, entonces estarán allí, como Él los puso aquí en la tierra para nosotros.

Me encanta lo que dice el eminente erudito, autor y teólogo J. I. Packer cuando le preguntan por los animales en el cielo. Una vez en Dallas estuve en un panel de debate acerca del cielo, junto con Packer y Randy Alcorn. Como hacía Jesús, Packer respondió una pregunta con otra: «Señora, ¿el cielo será peor que esto? Si usted cree que su perro es un gran regalo de Dios, creo que ese perro podría estar en el cielo».

Will Rogers dijo: «Si no hay perros en el cielo, entonces cuando muera, quiero ir adonde ellos están». Mark Twain afirmó: «El cielo funciona por el favor, si fuese por mérito, tú quedarías fuera y tu perro entraría».

La respuesta de Billy Graham a la pregunta de las mascotas fue: «Dios preparará todo para que seamos perfectamente felices en el cielo, y si para eso mi perro tiene que estar allí, creo que así será».

Esos cuatro caballeros vienen de diferentes terrenos de vida, pero resumen el amor de la humanidad y hasta la preocupación por los animales.

Capítulo 25

LAS RECOMPENSAS EN EL CIELO

«¿Por qué habrá recompensas en el cielo?»

La primera vez que me hicieron esta pregunta, la hizo una creyente de muchos años que se había cansado de trabajar para Dios. Se había estado preguntando si todo el esfuerzo en verdad valía la pena. No me sorprendió y me di cuenta de que su corazón era sincero. La mujer agregó:

—¿Por qué necesitaríamos recompensas en el cielo? Si estamos con Jesús en un mundo perfecto, ¿no es suficiente?

La expresión de su pregunta implicaba una respuesta afirmativa. Sin embargo, Dios sí promete recompensas. En Apocalipsis 22:12, Jesús dice: «¡Miren que vengo pronto! Traigo conmigo mi recompensa, y le pagaré a cada uno según lo que haya hecho». Y en 2 Corintios 5:10 Pablo escribe: «Porque es necesario que todos comparezcamos ante el tribunal de Cristo, para que cada uno reciba lo que le corresponda, según lo bueno o malo que haya hecho mientras vivió en el cuerpo».

Pero ¿por qué? ¿Cuál es el fin?

Mi respuesta corta, y probablemente la más obvia, es: ¿Dios pide y recompensa la fidelidad? A lo largo de la Biblia se nos exhorta a obedecer, a vivir vidas piadosas y, sobre todo, necesitamos

170

recordar la respuesta de Jesús a los fariseos cuando le pidieron que definiera el mayor mandamiento de la ley. «"Ama al Señor tu Dios con todo tu corazón, con todo tu ser y con toda tu mente" —le respondió Jesús—. Este es el primero y el más importante de los mandamientos. El segundo se parece a este: "Ama a tu prójimo como a ti mismo". De estos dos mandamientos dependen toda la ley y los profetas» (Mateo 22:37-40).

Pablo escribe: «Ahora bien, a los que reciben un encargo se les exige que demuestren ser dignos de confianza» (1 Corintios 4:2).

Nadie entra al cielo por hacer el bien, pero la voluntad de hacer el bien para el Señor en esta vida nos traerá recompensa en lo que viene. Como cristianos, debemos tomar la decisión personal de cómo vivir aquí en la tierra. Podemos elegir rendirnos por completo a Dios y permitirle que decida nuestro destino, o podemos elegir hacer lo que queremos a nuestro modo y guiar nuestra propia vida. Muchos cristianos no buscan la guía de Dios para su vocación o su trabajo. No le piden a Dios que les muestre cuál quiere que sean sus metas y aspiraciones. Son los mismos que lloran cuando surgen los problemas o buscan un milagro en los tiempos de mayor necesidad.

Por el contrario, solo Dios sabe qué es lo mejor para nosotros en todas las áreas. No tenemos forma de saber qué nos espera. Dios no solo lo sabe, sino que nos puede guiar de forma segura para alcanzar las metas que Él ha preparado para nosotros. Mediante un sistema de recompensas, Dios nos muestra que todo lo que hacemos vale la pena. Como a veces digo: «Todo cuenta». Todo lo que hagamos en amor y obediencia tendrá su recompensa después.

En especial pienso en aquellos que son perseguidos por su fe. Si llegar al cielo fuese lo único que importara, ¿por qué esos creyentes fieles no dicen simplemente «mátenme»?

La recompensa viene por mantenerse firmes, amando a Dios y siendo testimonio de nuestra fe. Cuando era un creyente joven, me impresioné profundamente la primera vez que leí la historia de Esteban, el primer mártir cristiano. La historia está en Hechos 7 y 8. Dios utilizó dos sucesos de esa historia para moldear mi vida. En primer lugar, el valiente testimonio de Esteban. En los momentos de su muerte, «mientras lo apedreaban, Esteban oraba.

—Señor Jesús —decía—, recibe mi espíritu. Luego cayó de rodillas y gritó:

—¡Señor, no les tomes en cuenta este pecado!

Cuando hubo dicho esto, murió» (Hechos 7:59-60).

Eso es lo primero, su testimonio fiel a Jesucristo, hasta el mismo momento de su muerte.

En segundo lugar, esto: «Y Saulo [Pablo] estaba allí, aprobando la muerte de Esteban» (Hechos 8:1). Como sabemos, poco después de eso, Saulo tiene una experiencia y se convierte en su camino a Damasco. La Biblia no lo dice, pero es obvio que el testimonio de la muerte de Esteban lo afectó en gran manera y lo convenció.

Así que esto nos deja una pregunta: Esteban, quien se mantuvo fiel y fue asesinado por causa de su fe, ¿debe ser honrado al mismo nivel que el ladrón que se arrepintió en la cruz y creyó solo unos minutos antes de morir?

«¿Qué puede decirnos de las recompensas en el cielo?»

—¿Qué hay de las recompensas? —la mujer preguntó—. ¿Recibió las suyas mientras estaba allí?

Antes de que pudiera responder, ella agregó:

—Y si las recibió, ¿qué eran?

—En mi breve visita al cielo, no recibí ninguna recompensa, solo estar allí. Eso era más que suficiente —le dije—. Pero el momento de las recompensas viene después.

No quise entrar en una clase teológica profunda, así que inté explicarlo en pocas palabras, como intento hacerlo aquí. Dios tiene recompensas para nuestra fidelidad. Lo que hacemos por Él no nos lleva al cielo, pero afecta la vida en el nuevo cielo y la nueva tierra.

«Cada uno será recompensado según su propio trabajo» (1 Corintios 3:8). Sí, pero las recompensas vendrán en el día del juicio (como dijo Pablo) o después del fin del mundo.

En 1 Corintios 3:10-15, Pablo escribe sobre las recompensas utilizando el ejemplo de la construcción de una casa. Comienza señalando que Jesús es el fundamento (versículo 11). Luego agrega: «Si alguien construye sobre este fundamento [la fe en Jesucristo], ya sea con oro, plata y piedras preciosas, o con madera, heno y paja, su obra se mostrará tal cual es, pues el día del juicio la dejará al descubierto. El fuego la dará a conocer, y pondrá a prueba la calidad del trabajo de cada uno. Si lo que alguien ha construido permanece, recibirá su recompensa, pero, si su obra es consumida por las llamas, él sufrirá pérdida. Será salvo, pero como quien pasa por el fuego» (versículos 12-15).

Un día habrá que rendir cuentas, se repartirán los castigos y se otorgarán las recompensas. Nuevamente, esta es la declaración del apóstol: «Porque es necesario que todos comparezcamos ante el tribunal de Cristo, para que cada uno reciba lo que le corresponda, según lo bueno o malo que haya hecho mientras vivió en el cuerpo» (2 Corintios 5:10).

El asunto de la recompensa aparece muchas veces en el Nuevo Testamento. En el Sermón de la Montaña, Jesús habla de la persecución por causa de la fe y agrega: «Alégrense y llénense de júbilo, porque les espera una gran recompensa en el cielo» (Mateo 5:12).

Jesús también da dos ejemplos en Mateo 25. El primero es la parábola de las monedas de oro que se les da a los tres obreros. Las llaman *talentos*, y los estudiosos dicen que un talento equivalía a la paga de casi veinte años de trabajo de un jornalero. Jesús recompensó a los dos primeros. El tercero no hizo más que esconder el oro. Jesús dijo que le fue quitado y dado al hombre que había comenzado con cinco (véase Mateo 25:14-30).

Inmediatamente después de la parábola, Jesús, refiriéndose a sí mismo, dice: «Cuando el Hijo del hombre venga en su gloria, con todos sus ángeles, se sentará en su trono glorioso» (Mateo 25:31). Él nos dice que las ovejas (los creyentes) estarán a su derecha y serán recompensados, mientras que las cabras (los no creyentes) estarán a su izquierda y les dirá: «Apártense de mí, malditos, al fuego eterno preparado para el diablo y sus ángeles» (versículo 41).

No sé de qué forma serán esas recompensas, pero sé que serán mucho más grandes de lo que podemos imaginar. Nuestras recompensas dependerán de la bondad y el poder de Dios.

Lo que ganemos en el cielo no es como lo que ganamos aquí en la tierra. Tendemos a pensar en bienes materiales, como mansiones, joyas, prestigio y honor.

La Biblia, en sentido figurado, enumera cinco coronas para los creyentes:

1. Una corona de justicia para todos los que esperan su venida (2 Timoteo 4:8).
2. Una corona incorruptible para los que disciplinan su cuerpo y lo controlan (1 Corintios 9:25-27).
3. Una corona de vida para los que resisten la tentación con paciencia (Santiago 1:12).
4. Una corona de gloria para los líderes piadosos, según 1 Pedro 5:2-4: «Cuiden como pastores el rebaño de Dios que está a su cargo, no por obligación ni por ambición de dinero, sino con afán de servir, como Dios quiere. No sean tiranos con los que están a su cuidado, sino sean ejemplos

para el rebaño. Así, cuando aparezca el Pastor supremo, ustedes recibirán la inmarcesible corona de gloria».

5. Una corona de gozo, a veces llamada corona para los que ganan almas. Pablo escribe a los creyentes de Tesalónica: «En resumidas cuentas, ¿cuál es nuestra esperanza, alegría o motivo de orgullo delante de nuestro Señor Jesús para cuando él venga? ¿Quién más sino ustedes? Sí, ustedes son nuestro orgullo y alegría» (1 Tesalonicenses 2:19-20).

A esto, me gustaría agregarle una de mis frases favoritas de Charles Haddon Spurgeon: «No existen coronados en el cielo que no hayan sido portadores de la cruz aquí en la tierra».[1]

«¿Estaremos decepcionados con las recompensas?»

Recuerdo una sola vez que alguien me hizo una pregunta que de verdad me sorprendió. Él se puso de pie y levantó la mano.

—Señor, ¿estaremos felices en el cielo al ver que otras personas recibieron recompensas mayores que las nuestras? En especial si sentimos que hemos trabajado muy duro para el Señor.

No estaba seguro de si debía reírme o ignorarlo. Pero luego entendí que estaba preguntándolo en serio, así que le di mi mejor respuesta:

—En primer lugar, en el cielo seremos perfectos. No existirá el pecado, ni los celos, ni la envidia. Nunca tendremos un pensamiento malo ni de odio por nadie. Nunca.

—Eso lo sé, pero… eh… bueno… las personas que sirvieron a Dios por más tiempo o son más fieles…

Esta vez, lo interrumpí impulsivamente:

---

[1] *The Westminster Collection of Christian Quotations* [La colección Westminster de frases cristianas], compilado por Martin H. Manser. Westminster: John Knox Press, 2001.

—¿Acaso nuestro Padre celestial no ve y conoce todas las cosas? ¿No conoce los corazones y las intenciones de todo lo que hacemos?

—Bueno, sí...

—¿Acaso crees que Jesús podría hacer algo, cualquier cosa, que sea injusto?

—No, por supuesto que no.

—Créeme cuando te digo esto: cuando llegues al cielo, toda la rivalidad, la envidia y los celos serán borrados completamente de nuestra mente. Estarás tan lleno de gozo y agradecimiento que adorar al Señor va a ser tu mayor prioridad.

Él sonrió y se sentó.

Capítulo 26

DESDE TU VIAJE AL CIELO, ¿REALIZAS DISTINTO LOS FUNERALES?

Los funerales pueden ser oportunidades únicas para el ministerio. Muchas veces las personas que nunca irían a una iglesia o a algún evento espiritual, te escucharán con atención por respeto a la familia o para honrar a quien falleció.

La persona encargada de dirigir un servicio fúnebre o una conmemoración asume el gran desafío de hacer el balance entre honrar al fallecido, consolar a los que sufren y desafiar a los vivos.

Los funerales para mí son los eventos que consumen más tiempo, me comprometen más emocionalmente y son los que requieren más meticulosidad a la hora de ministrar. Desde el principio de mi ministerio, llevar a cabo estos eventos ha sido de suma importancia. Oro fervientemente para que Dios me ayude a hacer bien mi trabajo.

Eso no ha cambiado. Para los presentes que ya son seguidores de Jesús, el servicio es una celebración de vida.

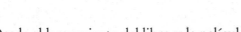

Desde el lanzamiento del libro y la película *90 minutos en el cielo*, algunos dolientes en la audiencia conocen mi historia y por eso mi presencia los anima. Cuando hablo acerca del cielo en el funeral, saben que es un relato en primera persona. Puedo ver la esperanza en sus rostros. El hecho de que hayan venido esas personas me da otra oportunidad de mostrarles cómo llegar a Cristo si aún no lo han hecho.

En general sigo diciendo lo mismo que decía antes y leo las Escrituras, como antes del accidente. Pero desde 1989, lo digo con más pasión y convicción.

Uno de los versículos de la Biblia que cito muchas veces está en Juan 11:25-26 y son las palabras del mismo Jesús: «Yo soy la resurrección y la vida. El que cree en mí vivirá, aunque muera; y todo el que vive y cree en mí no morirá jamás».

Mi amigo el reverendo Bob Liechty en los funerales solía decir: «Muchas veces hablamos de este lugar como la tierra de los vivos, cuando en realidad es la tierra de los muertos. El cielo es la tierra de los vivos». Lo cito con frecuencia porque siento esa verdad más profunda que nunca.

Antes del accidente, no tenía dudas y creía. Pero desde entonces, me siento como los samaritanos que oyeron la historia de la mujer pecadora luego de hablar con Jesús. Ella lo conoció, lo escuchó, luego regresó a su hogar y les contó a todos. «Muchos de los samaritanos que vivían en aquel pueblo creyeron en él por el testimonio que daba la mujer» (Juan 4:39).

Después el mismo Jesús fue y habló con ellos por dos días. Luego leemos: «Ya no creemos solo por lo que tú dijiste —le decían a la mujer— ahora lo hemos oído nosotros mismos, y sabemos que verdaderamente este es el Salvador del mundo» (versículo 42).

Esta es la mejor manera en la que puedo explicar la diferencia. Yo era un creyente, pero luego de volver a la tierra podía hablar con mayor convicción. He visto lo suficiente en el cielo solo desde las puertas como para hablar de la riqueza de esa experiencia personal.

Sin embargo, desde que volví del cielo hay algo que he agregado cuando dirijo funerales. Dejo la plataforma, voy hasta donde está el ataúd y pongo mi mano sobre él.

—Este servicio terminará en unos momentos —digo—. En nombre de los amigos y la familia, nuevamente quiero expresar mi más sincero agradecimiento por estar hoy aquí. Significa mucho para mí —y luego los invito a acercarse al servicio en el cementerio.

Hago una pausa, señalo el ataúd y agrego—: Debo decirles que esta persona no estará allí. Llevaremos este ataúd con su traje terrenal al entierro. Pero mientras lo hacemos, hoy está más viva en el cielo de lo que estuvo jamás aquí en la tierra. Como dice el apóstol Pablo: «ausentarse de este cuerpo es vivir junto al Señor». La separación es real, pero no durará mucho —digo suavemente.

Para mí, dirigir servicios fúnebres y conmemorativos hoy es más enriquecedor y más significativo. Desde mi propio encuentro con la muerte, puedo decir: «Antes, creía; ahora, *lo sé*. Mi corazón se alegra por la llegada de uno de los santos de Dios a las puertas de la gloria».

¿Cuál quieres
que sea tu legado?

Capítulo 27

EL EFECTO DOMINÓ

¿Quién no quiere ver resultados inmediatos de su compromiso y servicio a Jesucristo? Muchas veces, Dios retiene esas respuestas positivas durante años, o a veces las retiene hasta que llegamos al cielo.

Una de las mayores bendiciones de mi vida como creyente es el efecto dominó. Es decir, hago algo que ayuda a otra persona a cambiar, a volverse a Cristo, a crecer, a superar problemas. Si se mantienen fieles, pasan el legado. Entonces, el efecto va de una persona a otra.

Este es un ejemplo de lo que quiero decir. Su nombre es Tom Cole y aún está vivo. Él llegó a mi vida a los dieciséis años de edad y se dispuso a guiarme para que reservara mi lugar en el cielo. Casi todos los días le agradezco a Dios por lo que Tom hizo por mí. Con los años perdimos contacto, aunque nunca lo olvidé.

Más de cuarenta y cinco años después, entré a la librería cristiana Mardel en Oklahoma City porque mi editorial acababa de lanzar mi libro *Getting to Heaven* [La llegada al cielo] y Mardel me había invitado gentilmente a firmar libros para los clientes. Durante esa misma semana, estaba dirigiendo varios encuentros en Oklahoma, encuentros de avivamiento como les decimos los bautistas.

Llegué a la tienda en el horario acordado y, mientras ingresaba, varias personas ya estaban en la mesa donde el gerente había apilado mis libros. Dentro del local, caminé menos de dos pies (medio metro) y me detuvo un hombre alto con cabello canoso y lentes. Él me presentó una copia de mi libro.

—¿Podría firmar mi libro, por favor?

Mirando detrás de él a las personas que estaban formadas en la fila le respondí:

—Sí, señor, me encantaría firmar su libro, pero estas personas ya están esperando desde antes. No sería justo que firmara el suyo en la puerta y hacerlos esperar a ellos.

—Estoy muy apurado. ¿Me haría el favor?

—Por supuesto. ¿Le gustaría que pusiera su nombre? ¿Cómo se llama?

El miró el libro, sonrió y dijo:

—Tom Cole.

Cuando comencé a escribir su nombre, me detuve y lo miré a los ojos.

—¿Tom?

Él asintió.

Lo abracé y giré hacia la gente que me estaba esperando para firmar el libro.

—Oigan todos, él es Tom Cole, el hombre que oró conmigo para que aceptara a Jesús hace más de cuarenta años.

La multitud comenzó a aplaudir.

—Tom, ¿qué te trae hoy por aquí?

—Tú y tu libro —me respondió tomándome por los hombros.

—Siempre es muy bueno verte —le dije—. Te he perdido el rastro cuando fuiste al campo misionero. ¿Dónde estás ahora?

El doctor Cole me contó que su esposa era profesora en la Universidad Bautista de Oklahoma y que se había jubilado como director de misiones de una asociación bautista en esa ciudad. Sonrió

cuando me dijo que aún tocaba el contrabajo, pero en lugar de to-
carlo para los jóvenes como cuando lo conocí, era miembro de una
banda de bluegrass.

—Es increíble, hermano. Todavía me acuerdo cuando tocabas
en los encuentros de jóvenes en la Primera Bautista de Bossier.
Pero principalmente, recuerdo cuando tocabas conmigo en la sala
de mi casa en la calle Fullilove.

—También lo recuerdo. Momentos como esos son inolvida-
bles. Era cierto que tenía prisa. Lo siento mucho.

—Mañana por la noche voy a predicar cerca de aquí —le dije—.
¿Crees que podrás venir? Me encantaría hablar un poco más.

—Sí, me gustaría —respondió, y le di la dirección de la iglesia.
Nos abrazamos nuevamente y, tomando su libro autografiado, se
apresuró hacia la puerta.

La noche siguiente comencé con los encuentros de avivamiento. Había decidido contar mi testimonio de cuando conocí a Jesús
a los dieciséis años. Ya había intentado hacer hincapié en que no
estamos aquí solo por nuestra salvación, sino que estamos desig-
nados a ayudar a otros a reservar su lugar celestial.

Cuando llegué al momento de mi historia en el que Tom Cole
me explicaba cómo convertirme en cristiano, hice una pausa y di
un paso adelante.

—Joe Socks y Mike Wood fueron algunos de los que encontré
en las puertas del cielo. Pero a Tom Cole lo encontré en la «puerta»
de la librería Mardel aquí en Oklahoma City. Y el hombre que me
dio esa respuesta hace cuarenta y cinco años está aquí esta noche
—hice un gesto hacia él—. ¡Tom Cole! ¡Ponte de pie!

La gente aplaudió.

Aquí abajo está un fragmento del libro que firmé para Tom Cole: *Getting to Heaven: Departing Instructions for Your Life Now* [La llegada al cielo: instrucciones de partida para tu vida hoy].

Necesitamos poder decir: «Yo creo…».

Es así de simple. Yo tomé la decisión cuando era joven y esa decisión cambió mi vida. En ese momento supe hacia dónde me dirigía.

No viví cada momento desde mis dieciséis años hasta que tuve el accidente a mis treinta y ocho pensando en la eternidad. Intentaba concentrarme en vivir una vida que honrara al Dios que había prometido servir. De hecho, estaba camino a la iglesia para dirigir un estudio bíblico cuando tuve el accidente. Sin embargo, viví lo que todos dirían una vida normal. No era perfecta, pero quería que Dios fuese el centro de mi vida…

El cielo es real. Lo sé porque pude experimentar esa realidad. Algún día cruzaré ese puente final y me encontraré otra vez con esas mismas personas en la entrada y también estarán otros a los que he amado y perdido solo por un tiempo, otros que fallecieron desde que estuve allí. Ellos me acompañarán a la presencia de Jesucristo. Las palabras que anhelo oír de Jesús son: «Bien hecho, buen siervo y fiel».

Quiero que todos estén listos. Quiero que todos crucen ese puente final con la seguridad de tener un lugar en el cielo…

Cuando dedico mis libros, sobre mi firma escribo: «Te veo en las puertas». Ese ha sido el enfoque de mi vida en estos años después de mi breve viaje al cielo.

Si estás en una búsqueda, toma la decisión correcta. Tú no puedes decidir si morirás por una enfermedad o por un accidente, pero sí puedes elegir estar preparado.

Si aún no lo has hecho, por favor, reserva tu lugar. Si ya has tomado la decisión, algún día, espero encontrarte en esa entrada.[1]

Esta es la acción del efecto dominó.

Jan, Barry y Carmen obedecieron a Dios al venir a mi casa e invitarme a la iglesia. Aunque muchas personas me habían influenciado para aceptar a Jesús como Salvador, ellos fueron solo los primeros «dominó». Tom Cole fue el segundo, al mostrarme el camino a la salvación. He ayudado a que siga el efecto más de cincuenta años.

Algún día volveré a ver a Tom, pero no será en Oklahoma, y el único libro que importará será el libro de la vida. Su nombre está escrito en él y el mío también.

Y por la gracia de Dios, podré ver cómo continúa ese efecto dominó.

¿Tú lo continuarás?

---

[1] Don Piper y Cecil Murphey, *Getting to Heaven: Departing Instructions for Your Life Now* [La llegada al cielo: instrucciones de partida para tu vida hoy]. Nueva York: Berkley Publishing Group, 2011, pp. 305-306.

Capítulo 28

TÚ *PUEDES* CONTAR TU HISTORIA

Como cristianos, cada uno de nosotros tiene un testimonio que contar. Nuestras existencias fieles prueban que podemos vivir una vida alegre que brinda respuestas y consuelo para cada necesidad.

Si no fueses creyente, ¿no te gustaría saber que se puede vivir una vida buena? O cuando no eras creyente, ¿no querías sentir la paz interior y la alegría que Dios ofrece?

Contar tu historia, ya sea triste o alegre, es muy importante para traer almas a Jesús. Nadie puede argumentarte legítimamente si dices: «Esto es lo que me sucedió a mí». Nosotros sabemos lo que nos sucedió en el momento que le dijimos sí a la salvación. *Ese es tu testimonio.*

Mi decisión fue relatar mis encuentros profundos en las puertas del cielo y buscarle el sentido cuando regresé. De muchas formas, mi testimonio sería único y desafiante para otros.

Pero tengo la firme convicción de que necesitaba contar la historia del momento en que llegué a Jesucristo, anunciar las buenas noticias. El propósito principal por el que escribo este libro es para animarte a que le cuentes a los demás el momento en que llegaste a Cristo.

De inmediato, puedo oír las respuestas:

- «Pero, Don, a mí no me atropelló un camión».
- «Yo no estuve en un hospital por trece meses y soporté tres años de terapia para volver a caminar».
- «Mi historia es muy común. Nadie va a escuchar a una persona que habla de una vida normal, que creció en la iglesia, que iba a la escuela dominical todas las semanas y que asistía a la iglesia cada vez que las puertas estaban abiertas».
- «Nunca fui adicto a las drogas o al alcohol; no viví una existencia criminal ni inmoral; en mi vida no hubo agonía, ni desastre, ni decadencia».
- «No fui golpeado ni abusado. Viví una vida normal con una familia normal, llena de amor».

A veces también oigo decir: «Yo no tengo ese don. Soy tímido. No soy bueno con las palabras». Y entiendo eso, por eso pregunto: «¿Cómo vives cuando estás lejos de la iglesia?».

Nuestro testimonio cristiano es más que solo palabras. Nuestro estilo de vida también proclama quiénes somos. Muchas veces siento que los cristianos quieren que alguien más lleve la «carga pesada» de ser testigos. Dios puede y quiere usarnos a todos, no solo a los pastores o a los que trabajan para una iglesia.

A veces nos encerramos en nuestra burbuja cristiana y pasamos años de nuestras vidas sin hablarle a alguien acerca de Cristo. Estamos demasiado ocupados hablándole a los redimidos. La comunión con los santos es una gran bendición, pero cuando traemos un alma perdida a Cristo, también podemos estar en comunión con ellos por toda la eternidad.

Suelo oír a gente que dice: «Somos una iglesia tan amable». Lo creo, pero luego les pregunto: «¿También eres amable con los que visitan la iglesia? ¿Les das una cálida bienvenida? ¿Qué hay de la gente que no se ve como tú o se viste distinto?».

Tal vez te has encontrado con los que yo llamo falsos carentes de mérito. «Oh, no soy digno de anunciar a Jesús a otros». Si ser dignos es la medida para poder ser testigos, entonces ninguno de nosotros estaría calificado. Gracias al Señor, nunca estamos solos en esto. Depende de nosotros *y* del Espíritu Santo.

Dios no nos obligará a predicar el evangelio más de lo que nos obliga a ser salvos. Pero hubo una o varias personas que te guiaron a Jesús.

Necesitamos tomar en cuenta nuestra esfera de influencia y lo que podemos hacer para guiarlos a Jesús. Comenzamos con la familia y los amigos, pero no nos detenemos allí. El trabajo, el club, la escuela, el vecindario, los viajes al trabajo, los negocios, la lavandería y las actividades de evangelización de la iglesia. En fin, cualquier lugar es una oportunidad para hablar de Jesús a otros.

En el seminario, nuestra clase estudiaba el idioma griego original del Nuevo Testamento. Uno de los fragmentos que me quedó grabado, Mateo 28:19-20, se ha traducido así: «Por tanto, vayan y hagan discípulos de todas las naciones, bautizándolos en el nombre del Padre y del Hijo y del Espíritu Santo, enseñándoles a obedecer todo lo que les he mandado a ustedes. Y les aseguro que estaré con ustedes siempre, hasta el fin del mundo».

En la Gran Comisión, la palabra griega para *vayan* quiere decir *mientras van*. «Mientras van, hagan discípulos» es la intención de las palabras de Jesús. Eso es lo que estamos llamados a hacer. Jesús nos dice que proclamemos nuestra fe como parte de nuestra vida diaria.

Hablar de Jesús nos trae una vida de alegría y oportunidad. Podemos hacerlo con total confianza cuando lo hagamos, porque no somos responsables del resultado.

Un versículo que debemos tener en cuenta es la palabra de Pedro, que nos advierte: «Estén siempre preparados para responder a todo el que les pida razón de la esperanza que hay en ustedes. Pero háganlo con gentileza y respeto» (1 Pedro 3:15-16).

Al dar respuestas (dar testimonio) no necesitamos exagerar nuestra experiencia o hacer que suene más dramática. Es *Su* historia la que intentamos contar, pero normalmente comenzamos contando lo que el Señor ha hecho en nuestras vidas.

Por ejemplo, yo fui gerente nacional de ventas en un canal de televisión asociado a CBS por varios años antes de servir en el ministerio. Yo enviaba a mi equipo y los alentaba: «No solo le den un discurso al cliente, ¡tómenle el pedido!».

Como les sucede a los vendedores, no siempre obtenemos la respuesta que queremos. Eso está bien. Nuestra labor es hacer la oferta, el Espíritu Santo es el que convence y los guía hacia Él.

Por supuesto, tal vez no recibamos una respuesta positiva inmediatamente, o quizá nunca, pero no podemos permitir que eso nos desanime. Hacemos lo que Jesús nos encomendó: «Mientras van…».

Cuando me recuperé del accidente, el pastor Dick Onarecker se sentó frente a mí en uno de nuestros tantos almuerzos y le dije lo agradecidos que estaban mi familia y amigos por su obediencia al entrar en ese auto destruido y orar por mi cuerpo.

Él comenzó a llorar.

—Cualquiera lo hubiera hecho —dijo Dick—. Si vemos a un niño ir hacia una calle con mucho tránsito, reaccionamos. Queremos salvarlo. Eso es lo que hice en el puente esa mañana —miró alrededor—. Aquí estamos, en el restaurante Deny's y probablemente hay almas en este lugar que van a morir y van a ir al infierno sin Cristo. Orar por ti en ese auto me recordó que todos tenemos mucho trabajo que hacer. El mundo está perdido y debemos hablarles de Jesús.

Dick tenía razón: todos tenemos mucho trabajo que hacer.

Jesús dijo que los dos grandes mandamientos son amar a Dios con todo nuestro ser y amar al prójimo como a nosotros mismos (véase Mateo 22:37-39). Amar a otros significa querer lo mejor para ellos. ¿Qué es mejor que ofrecerles la paz de Dios y la seguridad de una vida eterna?

No hay dos vidas iguales. Por ejemplo, junto a un pozo Jesús le habló a una mujer que había tenido cinco maridos y vivía con un sexto hombre (véase Juan 4).

Un dirigente se alejó de Jesús porque no estaba dispuesto a abandonar sus posesiones para ayudar a los pobres y a los necesitados. Sin embargo, acababa de decir que había guardado todos los mandamientos «desde que era joven» (Lucas 18:21). Nosotros lo llamaríamos fariseo, religioso por fuera pero vacío por dentro.

Esos solo son dos ejemplos, una mujer obviamente pecadora y un hombre honesto y ético. Ambos necesitaban conocer la salvación por medio de Jesucristo. La mujer del pozo se volvió a Él. Del hombre ético, Lucas dice: «Cuando el hombre oyó esto [que dijo Jesús], se entristeció mucho, pues era muy rico» (Lucas 18:23).

Sus trasfondos distintos no fueron el problema. Ambos necesitaban algo más en la vida y Jesús los amaba por igual. Él les dio su mensaje para enfrentar sus situaciones y les permitió tomar su decisión de vida.

Como ya has leído, a los dieciséis, yo conocí a Jesús a través de las palabras y los hechos de las personas que Dios impulsó a visitarme. Ninguno de ellos sentía que estaba haciendo algo especial para Dios. Ellos me mostraron a Jesús con su manera de vivir, su amistad y sus ganas de aceptarme. Ellos se preocuparon por mí y por eso me enseñaron cómo conocer a Jesús. Nuestra tarea es presentar nuestras vidas con fe como testimonios vivientes.

Llevar almas al conocimiento de la salvación de Cristo muchas veces requiere lanzar varios anzuelos. Cuando era niño, mi papá, el sargento mayor Ralph Piper, solía estar en el exterior en servicio. ¡Pero cómo disfrutábamos con mis hermanos cuando él regresaba a casa y pasaba tiempo con nosotros!

Una de nuestras actividades favoritas era ir a pescar con él. Solíamos utilizar cañas de pescar y a veces un mecanismo llamado yo-yo, que se ataba a los árboles bajos y contaba con resortes. Nuestro método favorito de pesca era el palangre. Enhebrábamos una línea de pescar larga y fuerte en aguas abiertas, o a veces en un canal. Luego atábamos los extremos de la línea principal a los árboles o a los tocones y en varios puntos de la línea principal dejábamos caer líneas más cortas y pequeñas para que quedaran en el agua con carnada en los anzuelos. En la tarde, cambiábamos varias veces el tamaño de los anzuelos, las carnadas y la ubicación. *El objetivo no cambiaba: queríamos atrapar peces*, y con esos palangres atrapábamos muchos.

Durante la noche nos aventurábamos en un bote para recorrer los palangres. Al acercarnos a cada anzuelo, sabíamos si había un pez en la línea porque golpeaba contra el agua.

Cuando le hablamos de Jesús a las personas perdidas, debemos poner muchos anzuelos, usar diferentes carnadas (técnicas de evangelismo) y pescar en diferentes lugares.

Del mismo modo, un agricultor que espera levantar una gran cosecha debe sembrar semillas. Es un proceso de desarrollo hasta que se cosecha el cultivo por completo. ¡Jesús necesita obreros en todos los campos!

Hace poco, me senté en un restaurante con un pastor y su equipo en el sur de California. Una joven muy amable y trabajadora atendía nuestra mesa, su placa decía que se llamaba Tayllor.

Ella tomó la orden de nuestras bebidas y cuando regresó con ellas el pastor le dijo:

—Tayllor, vamos a orar por nuestros alimentos, ¿tienes algo en tu corazón por lo que quieras que oremos?

Ella se puso un poco nerviosa, pero luego nos dio varios motivos por los cuales quería que orásemos. Todos oramos juntos, incluida Tayllor. Antes de terminar nuestra comida, le firmé una copia de *90 minutos en el cielo* y ella prometió que iría a la iglesia el siguiente domingo.

Eso fue simple.

Pero no siempre es tan simple. Conocí a un hombre en Houston que oró durante veintiún años para que el hijo de su mejor amigo conociera a Jesús.

Otro ejemplo es Tommy Freeman. Un gran amigo para muchos y una gran influencia en mis primeros días del ministerio juvenil. Él solía entusiasmarse cuando iba a volar a algún lado. Él sabía que durante lo que durara el vuelo, estaría en un tubo metálico flotando a cuarenta mil pies (12 mil metros) por al menos un par de horas. Siempre que era posible, Tommy elegía el asiento de en medio para poder hablarles a otros de Jesús, y les digo que lo hacía.

Debemos colocar muchos anzuelos y usar muchas carnadas. A veces pescamos algo, y otras veces solo somos los que siembran la semilla. Mi padre sembró árboles de duraznos en el ocaso de su vida. Nunca llegó a comer de esos árboles, pero sus nietos sí.

———— ❧ ————

Como puedes ver, hay tantos acercamientos, oportunidades y situaciones como personas. La disponibilidad y la sensibilidad son muy importantes. También necesitamos recordarnos que el Espíritu Santo tiene el control. Nosotros hacemos lo que podemos, el Espíritu Santo hace el resto.

En 1986, mi querido amigo David Gentiles y yo organizamos el primer campamento de jóvenes en Camp Bethany, que se ubicaba en la frontera entre Luisiana y Texas, cerca de Shreveport. Luego de mucha preparación, nos sentimos confiados de que el Señor bendeciría nuestro campamento.

El Espíritu se movió entre nuestros jóvenes durante toda la semana. Cada noche antes de acostarnos, nos reuníamos con los líderes para evaluar y planificar. Todos en el equipo coincidimos en que el jueves en la noche, la última noche del campamento, ofreceríamos una invitación para que los jóvenes se acercaran y dieran testimonio de sus decisiones por Jesús en un servicio de celebración y adoración.

El miércoles en la noche teníamos el concierto de una banda cristiana contemporánea del sur de Luisiana. El lugar estaba lleno y la banda estuvo increíble.

Cuando terminó el concierto, el cantante principal se acercó al micrófono y dijo:

—¿Saben?, siento que el Espíritu se está moviendo de una forma especial esta noche. Ahora, vamos a cantar una canción muy especial. Si quieres venir al frente a recibir oración, o si quieres tomar la decisión de seguir a Jesús, ven mientras cantamos. Sé obediente.

Ellos comenzaron a tocar. Los líderes nos miraron a David y a mí, como diciendo: *¿Y ahora qué hacemos?* La invitación que habíamos planeado era para la noche siguiente. Los consejeros que debían acercarse a los jóvenes no estaban listos aún.

La banda siguió cantando y los adolescentes siguieron acercándose durante casi una hora. Los miembros de la banda se veían muy alegres por la respuesta.

Francamente, a David, al equipo y a mí nos ofendió que la banda no nos preguntara si podían hacer la invitación. Ellos no habían estado en el campamento y no sabían sobre nuestros planes. Pero ninguno de nosotros le dijo nada a la banda después del concierto.

La invitación planeada para la noche siguiente también fue maravillosa, pero no fue lo que habíamos anticipado.

Años después, el líder de esa banda se convirtió en pastor de una iglesia en Baton Rouge. Yo le recordé la historia del Camp Bethany y cómo nos había tomado por sorpresa la «presuntuosidad» de su llamado al altar.

Él me sonrió y me dijo:

—Lo que no sabes es que nuestra banda había estado orando antes de ese concierto. Nos habíamos desalentado al no ver la respuesta a lo que intentábamos hacer. Después de orar, decidimos que si no veíamos alguna confirmación de que estábamos haciendo la voluntad de Dios, volveríamos a Baton Rouge y nos separaríamos. Esa noche supimos que estábamos exactamente donde Dios nos quería. Cuando sentí que el Espíritu me llevó a hacer esa invitación, supe que era de Dios.

—Y lo era —le dije.

Luego me disculpé por nuestra actitud. Teníamos un plan, pero Dios tenía uno mejor. Ese miércoles y jueves nuevos nombres fueron escritos en gloria.

Tal vez no vivamos para ver los resultados de nuestro trabajo para Jesús, pero esa gente que siente nuestra influencia espiritual directa en sus vidas nos encontrará un día en las puertas del cielo.

Siempre que hago un llamado al altar al concluir un sermón, recuerdo que la respuesta al mensaje es obra de Dios. Pablo expresa esto cuando escribe acerca de la obra de los servidores de Dios: «Después de todo, ¿qué es Apolos? ¿Y qué es Pablo? Nada más que servidores por medio de los cuales ustedes llegaron a creer, según lo que el Señor le asignó a cada uno. Yo sembré, Apolos regó, pero Dios ha dado el crecimiento» (1 Corintios 3:5-6).

Luego esperamos hasta llegar al cielo para sentir el gozo de nuestros esfuerzos. En las puertas del cielo me encontré con aquellos que me ayudaron a llegar y ellos celebraron la realidad eterna de su inversión en mi salvación. Mientras estaban en la tierra, algunos de ellos desconocían el efecto que habían tenido sus palabras y sus acciones en mi vida.

En la tierra, plantamos semillas, tal vez alguien más las riegue, y la cosecha la vean otros. Los resultados no son nuestra responsabilidad.

Capítulo 29

¿QUÉ TIENES EN TU MANO?

Dios envió a Moisés a confrontar al gobernante de Egipto y a liberar al pueblo de Israel de la esclavitud. Luego, Moisés, consciente de su propia debilidad y seguramente con miedo, preguntó: «¿Y qué hago si no me creen ni me hacen caso?» (Éxodo 4:1).

Dios desvió la atención de Moisés en sí mismo preguntándole: «¿Qué tienes en la mano?» (versículo 2).

Moisés dijo "una vara". «Déjala caer al suelo —ordenó el SEÑOR—. Moisés la dejó caer al suelo, y la vara se convirtió en una serpiente». Instintivamente, «Moisés trató de huir de ella» (versículo 3).

La lección para Moisés, y para nosotros hoy, es que nos ocupemos de cómo haremos algo tomando la responsabilidad total de cumplir con la voluntad de Dios.

El Señor le muestra a Moisés que a Él le interesaba utilizar lo ordinario para hacer lo extraordinario.

Quiero contarte cómo Dios utilizó lo ordinario para hacer su voluntad en mi vida y en la vida de otros.

Un domingo de noviembre de 2017 fue una de esas veces. Me desperté esa mañana y me vestí para ir a mi iglesia, la Primera Bautista de Pasadena, Texas. No me sentía muy bien y no tenía que predicar en ningún lado esa mañana, así que pensé seriamente en quedarme en casa descansando y mirando el servicio por internet.

Mientras se acercaba la hora decidí ir de todas maneras. Eva y yo llegamos a la iglesia, ingresamos por la entrada norte y fuimos emboscados cuando no habíamos dado ni tres pasos.

Una joven agradable llamada Jennifer dijo:

—Hoy vine a verlo a usted. Quiero que conozca a mi padre, Michael Peavy. Él se está muriendo de cáncer.

Ella me explicó que había visto mi libro *El cielo sí existe* en una tienda de segunda mano y lo había comprado por un dólar. Luego de leerlo, compró el audiolibro de *El cielo sí existe* y *90 minutos en el cielo* para que su papá pudiera escucharlos. Su cáncer ya estaba tan avanzado que no podía sostener un libro.

Ella había conducido de Oklahoma City a Houston para traer a su padre enfermo a la iglesia. Michael vivía del otro lado de Houston, probablemente a cuarenta y cinco minutos en auto si no había tráfico.

—¿Dónde está él?

—Sentado en el último banco.

Fui hasta donde él estaba y me presenté. Ya casi estaba por comenzar el servicio, así que le sugerí sentarnos en el vestíbulo.

A pesar de que obviamente estaba enfermo y débil, se levantó y caminó conmigo despacio. Jennifer salió con nosotros y se sentó cerca. Mientras hablábamos, ella oraba en silencio mientras balanceaba a su hija de dos años en su cadera.

Él mismo admitió que era agnóstico o casi ateo, pero aun así le interesaban los asuntos espirituales. Mientras hablábamos, pensé que *la muerte latente podía ser un gran motivador para confrontarlo con la eternidad.*

Michael me bombardeó con preguntas y yo hice lo que pude para contestarlas. Estaba tan interesante la charla que mientras seguíamos hablando en la iglesia, terminó el servicio.

Para ese entonces, pude ver que Michael había agotado sus fuerzas, pero sentí que aun así estaba abierto al Espíritu Santo.

—¿Puedo ir a visitarlo a su casa? —le pregunté.

—Sí, pero mi hija me trasladará a un hospital de cuidados paliativos en Oklahoma City el fin de semana.

—¿Qué le parece el martes?

Michel se quedó pasmado de que lo fuese a visitar a su casa. Coordinamos la hora y él me dio su dirección.

Mientras regresaba a casa, leí un correo electrónico que Jennifer me había enviado antes de que comenzara el servicio, pero no había tenido oportunidad de verlo: «Mi padre dice que el cielo no existe. La Biblia dice que sí. Por favor, ore por su salvación. No le queda mucho tiempo de vida».

Oré apasionadamente por la salvación de Michael y nuestro próximo encuentro. Sin embargo, antes de poder concretar ese encuentro, Jennifer me llamó desde el apartamento de Michael en Houston, donde estaba empacando para su último viaje en la tierra.

—Papa quiere decirle algo, pastor Piper —me dijo y le alcanzó el teléfono a Michael.

Con una voz débil pero alegre, Michael Peavy me dijo que, minutos antes, él y su hija habían orado juntos para entregarle su corazón a Jesús y reservar su lugar en el cielo.

—Ahora vamos a poder vernos allí —le dije.

Mantuve mi cita para el martes. Lo que supuse que sería una visita de una hora, terminó siendo de cuatro horas. No era fácil decirle adiós a alguien que me conocía bien porque había escuchado recientemente dos de mis libros.

Él se fue con Jesús unos días después.

No solo me alegré por la salvación de Michael, sino que eso me recordó que el Espíritu Santo puede utilizar muchas formas para abrir los corazones.

Si le preguntas a Jennifer qué tenía en su mano, ella podría haber dicho «solo un libro». Sin embargo, ese fue el principio del milagro maravilloso de Dios. Un libro mío, encontrado en una tienda de segunda mano, motivó a Jennifer a accionar por la salvación de su padre que se estaba muriendo.

Piensa en esto. Cuando estaba en la primaria, un miembro de los Gedeones Internacionales estaba distribuyendo Biblias gratuitas a los estudiantes (esto ya no está permitido en la mayoría de las escuelas públicas). Esa fue la primera Biblia que tuve. Otras personas amables me regalaron Biblias cuando crecí. ¡Las devoraba!

¿Cuántas personas han llegado a Cristo simplemente a través de algún voluntario que repartía Biblias a los niños? En esta vida, nunca lo sabremos.

Puedo retroceder en mi vida y pensar en las personas que miraron lo que había en sus manos, lo que tenían y lo que podían hacer.

Cuando yo tenía nueve años mi vecino de al lado me invitaba a la iglesia y me llevaba en una furgoneta llena de vecinitos. Mi abuela me llevaba a la iglesia siempre que la visitaba. Jan, Carmen y Barry vinieron a mi casa y me invitaron a la iglesia cuando tenía dieciséis. Sue, Nellie, Charlie, Hattie, J. R., Joe Socks y Charlotte me enseñaron a vivir, a orar y a creer.

Muchas veces me recuerdo a mí mismo que no importa lo que tengamos en nuestras manos. Si usamos lo que tenemos, Dios nos recompensa. Todas esas personas de mi infancia dieron lo que tenían. Todo cuenta, todo lo que hagamos para guiar a otros a Jesús.

En Romanos 10:14, el apóstol Pablo les escribe a los laicos de Roma algo que aplica también para nosotros: «Ahora bien, ¿cómo invocarán a aquel en quien no han creído? ¿Y cómo creerán en aquel de quien no han oído? ¿Y cómo oirán si no hay quien les predique?».

Si eres un seguidor de Jesucristo, esto habla de ti. Los perdidos necesitas oírte. ¿Has pensado que tal vez podrías ser el único predicador del evangelio que otros vayan a escuchar?

Jennifer podría decirte que los libros cristianos que compró y sus oraciones terminaron cuando subió a su padre al auto y lo trajo a la iglesia. Ahora ella sabe que está en el cielo y disfruta esa paz asombrosa de saber que su testimonio lo ayudó a llegar allí. Todo lo que yo hice simplemente fue un engranaje en la rueda de la salvación de Michael.

———✦———

¿Qué tienes en *tu* mano? Piénsalo bien.

¿Qué tengo en mi mente ahora? Pasión para que todos conozcan a Jesucristo. Cuando predico, nunca supongo que todos en la audiencia son creyentes. Oírme predicar ese día puede ser el único encuentro que ese individuo tenga con Cristo. Incluso en la Biblia, Jesús muchas veces ve a personas solo una vez. Al menos, no disponemos de un registro bíblico de que se hayan vuelto a encontrar en la tierra.

¿Lo conoces? Si no conoces a Jesús, este es un gran momento para invitarlo a tu corazón. Mi oración sincera es que muchos lectores de este libro lleguen a amar a mi familia y a amigos en la fe que se reunieron conmigo en las puertas del cielo. Pero aún más, deseo profundamente y oro para que puedas saludar a los seguidores de Jesús que te estarán esperando en las puertas del cielo algún día, porque *tú* los ayudaste a llegar. ¡Comenzando ahora!

Si ya eres creyente, ¿qué crees que eso significa? Tengo la completa convicción de que aún estamos *aquí* para ayudar a los demás a llegar *allí*.

A los doce años, Jesús sorprendió a los líderes religiosos y a los maestros de la ley. Cuando sus padres lo interrumpieron diciéndole que estaban preocupados por él, él respondió: «¿Acaso no sabían que es necesario que me ocupe de los negocios de mi Padre?» (Lucas 2:49, RVC).

¡Nosotros también debemos ocuparnos de ellos!

Capítulo 30

«DÍSELO TÚ»

En la Iglesia Bautista Barksdale de Bossier City tuve mi primera oportunidad de servicio en el liderazgo del ministerio de jóvenes. Mi amigo Tommy Freeman vio en mí talento para el liderazgo juvenil y me propuso para liderar a nuestros jóvenes. La idea me encantó. El fin de semana de discipulado era uno de nuestros programas anuales del ministerio de jóvenes. Nos dividíamos por género y edad y pasábamos el fin de semana en la casa de algún miembro de la iglesia. Las casas anfitrionas y otros voluntarios proveían la comida y un lugar seguro. Casi no dormíamos. Armábamos cronogramas con momentos de diversión y conceptos del trabajo en equipo. Muchos chicos invitaban a sus amigos ese fin de semana. Pero lo que era más importante, los adultos con dones guiaban a los jóvenes a caminar más cerca de Jesús.

Lo más importante de ese fin de semana era que cada grupo participaba en un proyecto de servicio para la iglesia o la comunidad. Como, por ejemplo, limpiar la casa o el jardín de algún anciano, o preparar y servir la comida en algún refugio para la gente sin hogar.

Antes de terminar el programa el domingo en la noche, teníamos un servicio con canciones, testimonios y tiempo de decisiones, nos reuníamos en una sala más pequeña lejos del auditorio de la iglesia. Eso les permitía a los chicos que no se animaban a hablar delante de toda la congregación la oportunidad de hablar con sus pares. Algunos de los mejores y más poderosos testimonios salieron de esas reuniones antes del servicio.

Era asombroso observar los cambios increíbles por los que pasaban los jóvenes y los adultos desde sus primeros encuentros el viernes en la noche. Muchos de ellos no se conocían entre sí y no sabían qué esperar.

Comencé con un testimonio, que inició con una oración e historias graciosas de bromas que habían hecho en cada casa y todos se rieron mucho. Luego, el tono de nuestro tiempo de testimonios se volvió serio. Algunos jóvenes contaron emocionados la decisión que habían tomado para ser salvos, para caminar más cerca de Jesús y preocuparse por los demás.

Esa noche, una anciana se sentó en medio del grupo. Yo no recordaba que se hubiera anotado para ser anfitriona o voluntaria. Sin embargo, ella se sentó con la atención cautivada. Por momentos le caían ligeras lágrimas. Más de una vez, su rostro se iluminó de alegría. De pronto se puso de pie y aclarando su garganta dijo que su nombre era señora Reynolds.

—Vine a la iglesia esta tarde para asistir a un encuentro de mujeres. Pensé que habían cambiado de salón porque normalmente se encuentran aquí, pero igual me senté. Luego llegaron todos ustedes y me dio vergüenza levantarme e irme.

»Todo este tiempo estuve pensando: *estoy en la reunión incorrecta*. Pero cuanto más me quedaba, más me daba cuenta de que no estaba en el sitio incorrecto. Este es lugar en el que debía estar porque no puedo estar más orgullosa de mi iglesia por realizar actividades como estas. No puedo estar más orgullosa de lo que Dios está haciendo con ustedes, nuestros jóvenes. Pero sobre todo, veo a los amigos que me invitaron a la iglesia para que conociera a Jesús. —Los ojos se le llenaron de lágrimas e hizo una pausa antes de agregar—: Yo también tengo amigos, pero no los he invitado a la iglesia.

Se apoyó en su andador y se acercó a la puerta. —Luego la señora Reynolds se detuvo y exclamó—: Todavía queda tiempo para invitarlos al servicio de esta noche, y lo voy a hacer ahora mismo. ¡Oren por mí!

Cuando ella se fue, el salón se quedó en absoluto silencio. Luego un chico de unos quince años se puso de pie.

—Yo estoy de visita, me invitó mi amigo Jacob. Esta ha sido una de las mejores cosas que he hecho. Todos han sido muy buenos conmigo y he aprendido mucho. Una lección que aprendí es que muchas personas no conocen a Jesús. Yo no lo había conocido, pero me encontré con Él anoche y ahora estoy seguro de que me iré al cielo.

Todos los jóvenes ahí aplaudieron.

—Tengo un hermano pequeño, Ben. No siempre nos llevamos bien, pero es mi hermano y lo amo —parecía no darse cuenta de que las lágrimas comenzaron a rodar por sus mejillas—. No quiero irme al cielo sin él. Lo lamento, y siento mucho perderme el servicio de esta noche. Espero que no se enojen conmigo pero debo hablarle a Ben de Jesús en este momento. —Todos sollozaban y otros adolescentes comenzaron a llorar. Cuando pudo controlar sus emociones dijo—: Gracias otra vez por todo. Oren por Ben. Debo irme —y salió corriendo.

¿Conoces un Ben?

Cuando era parte del equipo de la Iglesia Bautista Airline había un grupo de adolescentes maravilloso, y también contaba con el apoyo de muchos padres que se preocupaban por ellos. Comencé mi trabajo poco antes del verano, así que disponía de poco tiempo para planear un campamento. En el círculo del ministerio juvenil eso suele significar que llevarás a tu grupo a un campamento que ya esté planificado. Elegí realizar el campamento de verano en el campus de la Universidad de Luisiana en Pineville, Luisiana, y lo llamamos Caleidoscopio.

Nuestra iglesia estaba creciendo rápido y también el grupo juvenil. La inscripción para el campamento fue rápida. Cuando observé la lista de asistentes, me sentí orgulloso de que nuestros jóvenes hubieran invitado a sus amigos a estar con nosotros.

Tuvimos una experiencia tremenda ese año en Caleidoscopio. Una de las prédicas de la noche fue acerca de proclamar nuestra fe a los que no eran salvos.

Muchos de nuestros chicos parecían estar muy movilizados. Me buscaron luego y me dijeron que no creían que uno de sus amigos, Trey, hubiera confiado alguna vez en Jesús como Salvador. Yo ya lo había sospechado cuando había hablado con él esa semana.

Una tarde, algunos amigos de Trey entraron al auditorio de la escuela para encontrarme. Me dijeron que pensaban que Trey estaba cerca de hacer una decisión por Cristo y les pregunté si querían que fuera a hablar con él.

Para ser adolescentes, esa intuición era muy poco común. Estaban bastante sentimentales al respecto. Mi pensamiento de inmediato fue dejar lo que estaba haciendo y ubicar a Trey. En ese momento, sentí que el Espíritu Santo hablaba a mi corazón. Los miré directo a los ojos y les dije:

—No, él es amigo de ustedes. Ustedes lo deben invitar y decirle cómo conocer a Jesús.

—Pero no sabemos qué decir. No queremos arruinarlo. Trey es muy importante para nosotros —argumentaron.

—Por eso mismo quiero que ustedes hablen con él. Sí saben qué decir. Algunos de ustedes vienen a la iglesia desde que son bebés. Vayan.

Ellos se fueron y yo me lancé de inmediato a orar por ellos.

Más tarde, justo antes del servicio de la noche, mientras estaba en el auditorio. Las puertas de la entrada se abrieron y varios chicos entraron gritando por los pasillos, faltos de aire e intentando hablar en medio de lágrimas de alegría. Finalmente pude entender las palabras eufóricas: "¡Trey… acaba… de… salvarse!".

Los amigos de Trey lo habían llevado a Cristo, no el pastor de jóvenes Don Piper. Sus amigos lo hicieron, quienes serían sus amigos antes y después de Caleidoscopio. Ellos lo querían tanto que hicieron lo que hacía falta para pasar la eternidad con Trey. No les hubiese quitado esa alegría por nada. Es más, nunca pudieron volver a decir: «Pero no puedo hacerlo. No sé cómo hacerlo».

¿No sería grandioso que nos alegráramos así si los que conocemos vinieran a Jesús? Que queramos gritar y llorar para que todo el mundo escuche: «¡Trey acaba de salvarse!».

Todos sabemos cómo. Solo necesitamos abrir la boca y hablar de Aquel al que amamos.

Capítulo 31

¿QUIÉN ESTARÁ EN EL CIELO GRACIAS A TI?

¿Cuál quieres que sea tu legado? Puedo darte una respuesta antes del accidente y otra después del accidente. Puede parecer que es la misma respuesta, pero no lo es.

Mi primera respuesta es: ¿por qué alguien querría saber cuál quiero que sea mi legado? No pienso en eso. ¿Por qué lo haría? No estaré para disfrutarlo.

Pero confieso que esa respuesta tiene un dejo de hipocresía si consideramos el énfasis que he puesto en este libro sobre contar tu historia y tu testimonio de conversión.

He perdido la cuenta de las veces que he estado frente a multitudes y alenté a todos los presentes: «Tienes que hacer que tu prueba sea un testimonio, que tu dolor tenga un propósito. Transforma tu desastre en un mensaje. Haz que tu tragedia sea un triunfo. Que de la amargura salga algo mejor». Delante de miles de personas he confesado que me han tumbado, pero no me han vencido; que me han golpeado, pero no me han derribado. Después de mi accidente, muchos me veían como una víctima, pero yo decidí convertirme en un vencedor. Incluso aunque haya miles en la audiencia, siempre es personal: un alma a la vez. La salvación es una decisión personal.

La mañana del 18 de enero de 1989 era un pastor en camino a la iglesia. En la Iglesia South Park era el pastor del ministerio de educación y del de jóvenes. Antes de eso, había trabajado profesionalmente en la industria de las comunicaciones por once años. Conseguí algunos reconocimientos por ser el gerente nacional de ventas más joven de la historia en una cadena asociada de televisión.

Si hubieses llamado a mi puerta la noche del 17 de enero de 1989 en el Centro de Convenciones Trinity Pines y me hubieses preguntado: «¿Cuál quieres que sea tu legado?», probablemente hubiese respondido: «Ser un servidor fiel a Dios, un buen hijo, un buen padre, un buen esposo, un patriota».

Y, después del accidente, ¿cómo respondería? Tuve mucho tiempo para pensar en esto cuando estuve en la cama del hospital, durante terapia por casi tres años y porque me lo preguntaron miembros de mi audiencia.

Espero que esto no suene presuntuoso, pero intentar responder esa pregunta ha sacado esto a la superficie. Pienso cuando nací, en un hospital del ejército, cuando mi madre tenía diecinueve años y estaba a muy lejos de su hogar. O cuando fui a primer grado vistiendo una camisa que me había hecho mi madre con la tela de un saco de harina y un abrigo que me había confeccionado con pana. Pienso cuando el ejército nos trasladaba cada dos años o enviaba a mi papá a Corea y a Vietnam.

Pienso cuando de niño me hirieron de maneras que le conté a muy pocas personas. Es un legado de gozo y de dolor, de ser amado y del sacrificio profundo de aquellos que me amaban. Estas cosas me afectaron de maneras muy profundas. Vengo de una familia fuerte, mi umbral para cualquier tipo de dolor es extraordinariamente alto, creo que eso ha sido uno de mis mayores recursos y mis mayores cargas. Le he agradecido a Dios constantemente de que el camión me haya chocado a *mí* y a nadie más. Nunca querría que alguien pasara por lo que yo tuve que pasar.

La gente dice que soy bueno escuchando y que estoy dispuesto a dedicarles tiempo. Crear un ministerio sin fines de lucro para quienes tienen necesidad ha sido una de mis alegrías más grandes. Me siento privilegiado de poder ministrar a los navajos en Nuevo México y a los siux en Montana. Los centros cristianos de ayuda para adultos y niños en necesidad, los desafíos para adolescentes, los ministerios en África, los centros de ayuda para embarazadas y los refugios en la ciudad han sido algunas de las aventuras más asombrosas que Dios ha puesto frente a mí. Dar consejería dentro de la cárcel juvenil y hablar en las cárceles de todo el país son experiencias aleccionadoras y muy gratificantes.

Muchas veces he levantado las manos de enfermos graves y he hablado con ellos acerca del cielo mientras estaban a punto de partir. Valoro las oportunidades de visitar a niños y adultos con fijadores externos que desean estar con alguien que entienda lo que es soportar esas monstruosidades. He coescrito cinco libros y han hecho una película de mi vida. Todo eso quedará cuando yo me vaya.

Los millones de sonrisas y los rostros son un legado. A veces cuando me relajo en la noche de vuelta en el hotel aún puedo verlos heridos, curiosos, solitarios, buscando esperanza.

Hace años, cuando todavía era tan solo un joven, estaba dirigiendo un campamento juvenil en la Iglesia Bautista Barksdale y surgió la pregunta de cuál queríamos que fuese nuestro legado. No estoy seguro de que fuésemos lo suficientemente maduros para saber lo que era un legado. Aclaré la garganta y expresé: Cuando me vaya, me gustaría que la gente diga: «Él ha marcado una diferencia en mi vida».

Esas palabras salieron desde un lugar que en verdad nunca había explorado. Cuarenta años después le agregaría: «Y me gustaría mostrarles el amor de Jesucristo a todas las personas que pueda, mientras pueda».

¿Quién estará en el cielo gracias a ti?

PREGUNTAS PARA SEGUIR REFLEXIONANDO

CAPÍTULO 1
Morí y entré al cielo

- ¿Es difícil para ti creer que alguien puede morir, ir al cielo y regresar a la vida? Si es así, ¿por qué?
- ¿Por qué crees que Don esperó dos años para hablarle a sus más cercanos sobre su experiencia ante las puertas del cielo?
- La esposa de Don dijo que él estaba diferente desde que regresó del cielo. ¿Cómo piensas que una visita al cielo puede cambiar la vida de alguien? ¿Cómo cambiaría tu vida?
- Dick Onarecker oró por Don aunque estaba muerto. Gracias a sus oraciones, Don recobró la vida. ¿Alguna vez has dudado de orar por alguien, incluso cuando sientes el impulso de Dios? ¿Qué te impide hacer «grandes oraciones»?
- Don les dice a sus audiencias que no deben tenerle miedo a la muerte. ¿Cómo afecta a tu forma de vivir el hecho de saber que tus días en la tierra están contados? ¿Cómo podría impactar eso en tus vecinos, tus compañeros de trabajo, tus amigos, tu familia, tu ciudad, tu país y el mundo?
- «El cielo es un maravilloso bufet para los sentidos», escribe Don. ¿Qué es lo que más esperas de ese bufet? ¿Por qué?

CAPÍTULO 2
Mi llamado

- ¿Por qué el cielo es un tema tan popular?
- ¿Qué crees que impulsa el deseo de Don para hablarle a la gente sobre el cielo?
- Don dijo que hoy su vida está llena de gran felicidad y dolor profundo. ¿Cómo es posible que coexistan la alegría y el dolor?
- ¿Por qué da una sensación de paz saber del cielo?
- De lo que has aprendido a través del estudio personal de la Biblia o de las enseñanzas de otros, ¿qué sabes que es real acerca del cielo?
- Imagina experimentar algo similar a lo que le ocurrió a Don. ¿Cómo crees que eso afectaría tu vida?
- ¿Cómo Jesús se volvería más real para una persona que vive una experiencia como la de Don?
- ¿Por qué una experiencia celestial nos llevaría a alcanzar a otros y hablarles acerca de Jesucristo?
- ¿Por qué una ECM o un vistazo al cielo puede quitar el miedo de alguien a la muerte?
- ¿Qué tipo de miedos tienes acerca de la muerte?

CAPÍTULO 3
Asombro y maravilla

- Don relaciona muchos versículos bíblicos con su experiencia en el cielo. ¿Cómo te ayudan a ti a entender mejor el cielo?
- Imagina la alegría que hay en el cielo cuando alguien reserva su lugar allí. ¿Cómo imaginas esa situación en *tu* vida?
- Don dijo que las personas que conoció en el cielo se veían perfectas y rejuvenecidas. ¿Qué te hace sentir eso?

- Reflexiona sobre esta pregunta de Don: *¿Por qué Dios me permitió dar un vistazo al cielo y luego me lo quitó?* ¿Cómo le responderías?

CAPÍTULO 4
Mis influencias

- Este capítulo comienza diciendo: «Nadie de mi comité de bienvenida había sido un ser humano perfecto». ¿Cómo te hace sentir eso? ¿Te da esperanza?
- Don se ve a sí mismo como el producto de la fe y la fidelidad de su comité de bienvenida. ¿Cómo te afecta esto?
- «No estoy seguro de que las preguntas sean necesarias en el cielo», escribió Don. ¿Por qué no importarán nuestras preguntas?
- ¿Quién esperas que esté en tu comité de bienvenida cuando llegues al cielo?
- ¿Qué es una experiencia de salvación y de qué te salvas?

CAPÍTULO 5
Jan Cowart

- ¿Te sientes cómodo al invitar a alguien a la iglesia o al hablar acerca de Jesús?
- Don dice que le tomó algunos meses entender el concepto de que estamos *en* el mundo, pero que no somos *del* mundo. ¿Qué significa esa frase para ti?
- Si tus amigos tuviesen preguntas acerca de Jesús o de la Biblia, ¿podrías respondérselas como Jan Cowart a Don? Si no puedes, ¿qué harías?
- Nombra a dos o tres personas que te hayan guiado al Salvador. ¿De qué forma te ayudaron?

- ¿A quién has animado a caminar más cerca de Jesucristo?

CAPÍTULO 6
Mike Wood

- Mike poseía tantas buenas virtudes y un potencial tan grande, que el mundo podría preguntar: «¿Para qué necesitaba a Jesús?». ¿Cómo responderías esa pregunta?
- Mike no se avergonzaba de su fe. ¿Qué hace que la gente hable con tanta confianza y seguridad?
- Aunque Mike y Don Piper no parecían tener mucho en común, sin embargo las acciones de Mike marcaron a Don para siempre. Si murieras hoy, ¿qué diría la gente de ti?
- Lejos de ignorar a Don (o burlarse de él) porque era diferente, Mike lo alentó. ¿De qué maneras lo hizo? ¿Cómo puedes poner en práctica algo similar en este momento?
- Las personas reaccionan a la muerte de un ser querido de diferentes modos. ¿Cómo podrían cambiar su proceso de duelo si supieran lo que Don sabe del cielo?

CAPÍTULO 7
Charlie Dingman

- ¿Por qué crees que Charlie Dingman fue uno de los que recibió a Don Piper?
- Una de las mayores alegrías de Charlie fue ver crecer la asistencia en su iglesia gracias a sus oraciones. ¿Qué alegrías has tenido como fruto de tus oraciones?
- Charlie inspiró a Don al orar por lo que humanamente era imposible. ¿Qué pedido humanamente imposible tienes? ¿Crees que Dios puede responderlo?
- ¿Quién es el *Charlie Dingman* de tu vida?

- ¿Con qué acciones te comprometerás para animar a otros a servir al Señor? (Puede ser algo tan simple como visitarlos, o enviarles cartas, correos electrónicos o mandarle mensajes a aquellos que extrañas ver en la iglesia).

CAPÍTULO 8
Sue Belle McRea Guyton

- ¿Cómo podemos marcar una diferencia en las personas que nos observan al demostrar amor por nuestra familia y por los demás?
- ¿Qué acciones les demuestran a los demás que los quieres y que de verdad te preocupas por ellos?
- En vez de juzgar a las personas o menospreciarlas por sus malas decisiones, ¿de qué formas puedes ayudarlas a volver al camino correcto con amor?
- Sue le dejó claro a Don que siempre estaría para él. ¿Qué necesitarías para convertirte en una persona así?
- Si supieras algo que pudiera ayudar mucho a otra persona, ¿qué harías para transmitirlo?

CAPÍTULO 9
La abuela Nellie Piper

- ¿Qué significa ver a Jesús en alguien?
- ¿Cómo puedes preparar a alguien en silencio para que siga a Jesús?
- ¿Qué significa para ti «estar contento sin importar las circunstancias»?
- ¿Cómo demuestras en tu forma de vida que eres una persona de oración? ¿Cómo afecta eso a otros?
- ¿Qué te gustaría que grabaran en tu lápida?

CAPÍTULO 10
Joe Socks

- ¿Por qué Don cree que su abuelo al que llamaba Papá estaba en el cielo?
- Don describe a su abuelo como la persona más «genial» que ha conocido. Si pudieras decir eso de alguien, ¿qué es lo que lo hace «genial»?
- ¿Por qué crees que Papá fue la primera persona que vio Don cuando llegó?
- Don dijo que sabía que Papá estaba en el cielo, incluso aunque otros cristianos no lo creyeran. ¿Cómo es una persona que «va a ir al cielo»? ¿Qué es lo que ve Dios que otros no ven?
- ¿Por qué Don está seguro de que nunca verá llorar otra vez a Papá?

CAPÍTULO 11
J. R. y Hattie Mann

- ¿Cómo se puede saber que alguien te ama aunque no te lo diga?
- ¿Qué influencia espiritual te dio tu familia? ¿Qué influencia espiritual le estás dando a tu familia?
- Don habla de la fidelidad de sus bisabuelos. ¿De qué forma le afectaba eso a él?
- En el cielo, la bisabuela de Don no estaba encorvada por la osteoporosis y lucía sus propios dientes hermosos. ¿Qué tipo de salud y renuevo esperas en el cielo?
- Imagina el frente de la casa de Dios, ¿cómo crees que sería?

CAPÍTULO 12
Charlotte Jaynes

- ¿Cuáles son algunos recuerdos de Don sobre la señorita Jaynes? ¿Cómo esos recuerdos fueron instrumentos para prepararlo para el cielo?
- Cuando Don estaba por graduarse, la señorita Jaynes le dijo que era importante estar firme en la fe. ¿Qué consejo le darías a un estudiante?
- La señorita Jaynes le enseñó a Don sobre la comunicación efectiva. Lo más importante que aprendió de ella es que incluso antes de que digas tu primera palabra, la audiencia ya ha comenzado a formar su opinión sobre ti. ¿Qué significa eso para ti?
- Don dijo que el apoyo de la señorita Jaynes cuando se convirtió en creyente lo sostuvo. ¿Por qué un creyente necesita apoyo?
- Si fueses a «dar un discurso» a aquellos que han influenciado mucho tu vida de una forma positiva, ¿qué dirías en ese discurso?

CAPÍTULO 13
¿Quién verá a Jesús?

- ¿Qué quiso decir Don con «separación provisoria» al referirse a alguien que había muerto?
- ¿Cómo te hacen sentir las palabras «separación provisoria»?
- ¿Qué piensas de la respuesta de Don a la mujer que preguntó quién recibiría a su hijo en la entrada? ¿Estás de acuerdo?
- ¿Por qué Don está tan seguro de su respuesta?
- ¿Cómo te sientes con el hecho de que nunca nadie está solo en el cielo?

ANTE LAS PUERTAS DEL CIELO

CAPÍTULO 14
Los porqués

- Piensa en los porqués de Don. ¿Cómo los responderías?
- ¿Te has hecho alguna pregunta similar? ¿Has recibido una respuesta que te funcionó?
- ¿Cómo podría cambiar tu vida si en lugar de los porqués tus preguntas fueran «los qués»?
- ¿Por qué hay gente que no cree la historia de Don?
- ¿Cómo respondes a la invitación de Don de verte en las puertas del cielo?

CAPÍTULO 15
¿Por qué Dios se llevó a mi ser querido?

- ¿Alguna vez te has preguntado «por qué Dios se llevó a mi ser querido»? Si lo hiciste, ¿qué tipo de respuestas has recibido?
- ¿Por qué se sufre tanto cuando se muere un ser querido?
- Después de la muerte de un ser querido, ¿cómo puedes utilizar esas emociones tan fuertes para glorificar a Dios?
- ¿Te da ánimo pensar en que tu ser amado fue un préstamo de Dios o que Él tiene el control?
- ¿Qué opinas de la perspectiva interesante de Don acerca del motivo del llanto de Jesús en la tumba de Lázaro?

CAPÍTULO 16
¿Qué de aquellos que *no* te recibieron en el cielo?

- Piensa en tu vida y en las personas que esperas que te reciban en el momento en que entres al cielo.
- ¿Cómo será ver a Jesús cara a cara?

CAPÍTULO 17
¿Por qué no viste a Jesús?

* Aunque Don no vio a Jesús, ¿por qué su presencia en el cielo era inconfundible?
* ¿Cómo explicarías la importancia del Cordero de Dios?
* ¿Qué significa disfrutar en la gloria de Jesús? ¿Es algo que podemos hacer en la tierra o solo se puede hacer en el cielo?
* ¿Por qué ver solo un destello del Salvador haría que Don perdiese toda voluntad de vivir?

CAPÍTULO 18
Las preguntas más comunes

* ¿Por quién sientes curiosidad de saber si está en el cielo? ¿Por qué?
* Don dijo que es difícil imaginar cómo es la felicidad completa. Intenta imaginarla. ¿Cómo sería para ti?
* ¿Estás de acuerdo con lo que dice Don sobre que si supiéramos quién no está allí no sería el cielo? ¿Por qué?
* ¿Por qué alguien querría saber si sus seres amados pueden verlo desde el cielo?
* ¿Te reconforta saber qué tan rápido llegan los cristianos al cielo cuando mueren?

CAPÍTULO 19
¿Por qué Dios no nos lleva al cielo en el momento que aceptamos a Cristo?

* ¿De qué te hubieras perdido si hubieses ido al cielo en el momento que recibiste a Cristo?

- ¿De qué se hubieran perdido otros si tú hubieses ido al cielo en el momento que recibiste a Cristo?
- ¿Cómo ha cambiado tu vida desde que recibiste a Cristo?
- ¿Qué significa ser salvo para servir?
- ¿Cuál es tu propósito?

CAPÍTULO 20
¿Qué sucede con nuestro cuerpo en el cielo?

- ¿Cómo crees que afectó a Adán y Eva el hecho de envejecer cuando fueron expulsados del Edén?
- ¿Cómo puede afectar a las generaciones futuras una mala decisión?
- ¿Qué te viene a la mente cuando piensas en vivir para siempre en un cuerpo sano, pleno y eterno?
- ¿Crees que vivir para siempre nos parecerá algo eterno?
- ¿Cómo entiendes que se diferenciarán nuestros cuerpos celestiales de los terrenales?
- ¿Por qué nuestros cuerpos son como semillas?
- ¿A qué crees que se refería Pablo cuando dijo «el cuerpo mortal no puede heredar el reino de Dios»?
- ¿Cómo cambió el curso de la historia gracias a la resurrección de Jesús?
- ¿Por qué la gente no reconoció a Jesús luego de la resurrección?

CAPÍTULO 21
En el cielo, ¿nos convertimos en ángeles?

- ¿Por qué crees que la gente dice que Dios necesita otro ángel en el cielo?

- ¿Por qué alguien pensaría que los que entran al cielo se convierten en ángeles?
- ¿Por qué la gente se consuela con la idea de los ángeles?
- ¿Qué significa ser «como ángeles»?
- ¿Cuál crees que es el propósito de los ángeles?

CAPÍTULO 22
Cuando los bebés mueren, ¿van al cielo?

- ¿Alguna vez te has preguntado si los bebés van al cielo? ¿La respuesta de Don te ayudó?
- ¿Qué crees que le sucede a un bebé o a un niño pequeño cuando muere? ¿La respuesta de Don te hizo pensar diferente?
- ¿Cómo interfiere la gracia de Dios en esa situación?
- ¿Qué idea nueva encontraste en los versículos que utilizó Don?
- ¿Por qué Dios no da la respuesta a ciertas preguntas como qué sucede con los bebés que mueren?

CAPÍTULO 23
Una respuesta personal acerca de los bebés que mueren

- ¿Cómo puede ayudar la respuesta de Don a una persona que ha perdido a un hijo por nacer?
- ¿Por qué las etapas de la vida solo existen en la tierra?
- ¿Qué significa para ti el texto de 2 Samuel 12:21? ¿Te anima la explicación que da Don? ¿Por qué?
- ¿Por qué la edad de responsabilidad es factor para que un niño esté en el cielo o no?
- ¿Por qué Don no vio bebés y niños en el cielo? ¿Significa que no están allí?

CAPÍTULO 24
¿Habrá mascotas en el cielo?

- Don dijo que la pregunta más sentimental que le hicieron es acerca de las mascotas en el cielo. ¿Por qué?
- ¿Por qué la Biblia habla de los perros de forma distinta a la que los vemos hoy?
- ¿Por qué es importante pensar en la cultura cuando leemos la Biblia?
- ¿Crees que necesitarás mascotas en el cielo para ser feliz?
- ¿Qué significa para ti que en el cielo se saciarán todas nuestras necesidades?

CAPÍTULO 25
Las recompensas en el cielo

- ¿Cómo describirías una vida de fidelidad?
- ¿Cómo Dios recompensa nuestra fidelidad mientras estamos vivos?
- ¿Cómo crees que Dios recompensará tu fidelidad cuando estés en el cielo?
- ¿Por qué estar en el cielo con Jesús no es una recompensa suficiente?
- Todos sentimos celos o envidia de alguien en esta vida. ¿Cómo cambiará esto en el cielo?

CAPÍTULO 26
Desde tu viaje al cielo, ¿realizas distinto los funerales?

- ¿Por qué los funerales pueden ser oportunidades para ministrar?

- ¿Qué piensas de la frase del reverendo Bob Liechty que dice que esta es la tierra de los muertos y el cielo es la tierra de los vivos?
- ¿Por qué la urgencia de Don por hablarle a otros acerca del cielo es como la urgencia de la samaritana de hablarle a las personas acerca de Jesús?
- ¿Qué significa para ti «ausentarse de este cuerpo es vivir junto al Señor»?
- ¿Cómo cambiaría un funeral para ti si hubieses visto un destello del cielo?

CAPÍTULO 27
El efecto dominó

- Tom tuvo un papel importante en la vida de Don al guiarlo a Cristo. Piensa en el efecto dominó de sus acciones. ¿Cómo crees que se sintió al enterarse de la experiencia de Don y las millones de vidas que han sido impactadas por su historia?
- Don dijo: «Gracias a Dios estaba preparado para ir al cielo cuando morí». ¿Qué significa estar preparado para ir al cielo?
- Si puedes decir que estás preparado para ir al cielo, ¿quién te ayudó a lograrlo?
- ¿Te sientes a gusto al guiar a alguien a Cristo?
- ¿Qué tipo de efecto dominó provocas hoy en la vida de las personas?

CAPÍTULO 28
Tú *puedes* contar tu historia

- ¿Cuál es tu historia?
- ¿Por qué es importante contar tu historia?
- ¿Qué clases de «anzuelos y carnadas» utilizaron otros en ti?

- ¿Qué utilizas para testificar a otros?
- Si alguien te pregunta sobre tu esperanza, ¿cómo le responderías? ¿Qué tipo de preparación te ayudaría a estar listo para dar tus motivos?
- ¿Qué tan bueno eres para escuchar al Espíritu de Dios? ¿Cómo puedes mejorar?

CAPÍTULO 29
¿Qué tienes en tu mano?

- ¿Cuándo has visto a Dios utilizar lo ordinario para hacer algo extraordinario?
- ¿Cómo la muerte inminente puede motivar a una persona a confrontarse con la eternidad?
- ¿Qué le dirías a una persona que dice que el cielo no existe?
- ¿Cuáles son algunas de las formas que utiliza el Espíritu Santo para ablandar los corazones? ¿Has visto actuar al Espíritu Santo? ¿Cuándo?
- ¿Sabes de alguien que no tenga una Biblia? ¿Cómo puedes remediar eso?

CAPÍTULO 30
«Díselo tú»

- ¿Qué se necesita para tener un caminar más profundo con Jesús?
- ¿Quién es tu *Ben*?
- ¿Quién tiene la tarea de hablarle a tus amigos de Jesús?
- ¿A qué actividades puedes invitar a tus amigos no creyentes que te abran las puertas para contarle tu historia a ellos?

- ¿Cuánto amas a tus amigos y a tu familia? ¿Tanto como para correr el riesgo de sentirte incómodo hablando de Jesús con ellos?

CAPÍTULO 31
¿Quién estará en el cielo gracias a ti?

- ¿Por qué la gente tiene tanta curiosidad sobre temas relacionados con el cielo?
- ¿Alguna vez te has hecho alguna de las preguntas anteriores? ¿Cuáles?
- ¿Te sorprendió alguna de las respuestas de Don? ¿Por qué?
- ¿Por qué la Biblia no responde a todas nuestras preguntas acerca del cielo?
- ¿Te preguntas por qué Dios no te llevó al cielo en el momento que aceptaste a Cristo? ¿Cuál era su propósito para dejarte aquí?

ESTA ES MI ÚLTIMA PREGUNTA PARA TI:

- ¿Tienes reservado tu lugar en el cielo? (Necesitas hacerlo para poder ingresar).

AGRADECIMIENTOS

DON PIPER

La asociación formada en 2003 ha producido cinco libros hasta ahora. Hace quince años, Cec Murphey y yo caminábamos por los pasillos del Glorieta Conference Center en Nuevo México, quién hubiese dicho que hoy tendríamos publicado nuestro quinto libro juntos. Es un honor trabajar junto con una leyenda viviente. Gracias por todo, amigo mío.

A nuestra única agente favorita, Deidre Knight, de la Agencia Knight, eres la mejor. Nosotros nos dedicamos a escribir libros y tú a encontrar los mejores lugares para ellos.

A nuestra nueva socia editora y amiga, Keren Baltzer, de FaithWords; estamos muy agradecidos de que hayas tenido la visión de lo que esta obra significará para muchos. Que Dios lo use de una forma extraordinaria.

De alguna manera, parece algo redundante dar reconocimientos por un libro que ya *es* un reconocimiento en sí. Si lo has terminado, ya has leído muchos nombres de personas que están en la gloria, que me han allanado el camino para que yo pueda estar allí. Le agradezco a Dios por ellos y espero haber agradecido su fidelidad y su amor hacia mí de alguna forma, así sea pequeña.

Que todos nuestros nombres estén escritos en el Libro de la Vida. Si el Señor retrasa su venida, el máximo reconocimiento será para alguien que escriba un libro sobre nuestro testimonio algún día.

Siempre quiero reconocer a las iglesias, que son las familias gloriosas que Dios me ha dado, en especial a mi iglesia por veinte años, la Primera Iglesia Bautista de Pasadena, Texas, al pastor Charles Redmond y al copastor Jon Redmond. Un profundo agradecimiento a los miembros de la mesa directiva de Speak Up Speaker Services, el reverendo Cliff McArdle y el doctor Mark Forrest; y a los cientos de iglesias y establecimientos que me han permitido contar mi historia para ayudar a las personas a llegar al cielo y a encontrar una vida mejor en el camino. Quiero agradecer sinceramente a la familia de Sue y Marlyn Guyton, a Pat White, a Larry Leech, a David Melville, a Rick Jackson y a Giving Films.

Finalmente, Dios me ha bendecido con tres preciosos hijos y sus esposas: Nicole Piper Flenniken y su esposo Scott; Joe Piper y su esposa Courtney; y Cristopher Piper y su esposa Whitney. También me ha bendecido con tres nietos gloriosos: Carlee y Will Flenniken, y Penny Piper.

Por cuarenta y cinco años he sostenido que mi esposa, Eva, es la heroína de nuestra historia. Aún lo creo, y todavía lo es. Mi esposa es un regalo de Dios.

Y a todos los que formaron parte de este esfuerzo «Doy gracias a mi Dios cada vez que me acuerdo de ustedes» (Filipenses 1:3).

CECIL MURPHEY

Este es mi quinto libro con Don, y sigo agradecido de que me haya elegido a mí como su coautor. Agradezco especialmente a nuestra maravillosa agente literaria, Deidre Knight, quien me ha representado más de veinte años.

Gracias, Karen Baltzer, de FaithWords, inmediatamente captaste la visión de este libro.

También quiero agradecer y reconocer a quienes me ayudan desde hace mucho tiempo: mi asistente, Twila Belk, y mi correctora, Wanda Rosenberry.

Don Piper es veterano en la radio y la televisión. Fue ordenado ministro hace más de treinta y tres años y es el coautor de cuatro libros que han vendido millones de copias (la edición en inglés de *90 minutos en el cielo* estuvo más de cuatro años en la lista de los más vendidos del *The New York Times* y fue llevado al cine). En 2006 fue galardonado con el EPCA Platinum Award y fue el primero en recibir el Retailers Choice Backlist Award en 2009. Además es columnista, ha colaborado en varios libros y su voz se ha utilizado en cientos de comerciales de radio y televisión. Actualmente vive en Pasadena, Texas, junto con su esposa.

Cecil Murphey ha publicado ciento cuarenta libros de ficción y no ficción. Escritor galardonado con premios como Golden Medallion, Foreword Bronze, Silver Angel Award (dos veces), Dixie Counsel of Authors and Journalists (tres veces), Extraordinary Service Award de American Society of Authors and Journalists, y Lifetime Achievement Award de Advanced Writers and Speakers Association por su contribución a la industria editorial. Cecil vive en Tucker, Georgia.

ACERCA DE LOS AUTORES

Don Piper trabajó quince años en la industria de la radio y la televisión, hoy está retirado. Ha sido ministro más de treinta años y coautor de cinco libros, que han vendido más de nueve millones de copias (*90 minutos en el cielo* estuvo cinco años en la lista de los más vendidos del *New York Times*). Fue ganador del premio de platino de EPCA en 2006; sujeto de una película basada en su libro *90 minutos en el cielo* realizada en 2015 por Giving Films/Universal Studios Home Entertainment; es columnista de distintos periódicos y revistas, y colaborador de innumerables libros, escribiendo capítulos, prólogos y prefacios. Con su talento en cámara y con su voz ha realizado cientos de comerciales de radio y televisión.

Cecil Murphey ha publicado 140 libros de ficción y no ficción, ha recibido muchos premios por sus obras, un Golden Medallion, un Foreward Bronze, dos premios Silver Angel, tres premios del Consejo Dixie de Autores y Periodistas, un premio Extraordinary Service de la Sociedad Estadounidense de Autores y Periodistas, y un premio a la trayectoria de la Asociación de Escritores y Oradores Avanzados por sus contribuciones a la industria editorial.